전통과 현대가 어우러진

주택풍수

김원규 저

도서출판 상학당

들어가는 말

주택은 사람들이 삶을 영위하기 위하여 필수불가결한 요소인 의, 식, 주의 하나로서 삶의 토대가 된다. 사람들은 주택을 떠나서는 잠시도 살아갈 수 없다. 또한 주택은 모든 인간 활동의 기본적인 장인 동시에 국가의 중요한 구성요소이다.

주택은 인류의 역사와 같이 시작되어 왔다고 볼 수 있다. 우리나라에서 언제부터 주택의 사유(私有)가 인정되었느냐에 대하여는 정확하지는 않으나 삼국유사에 의하면 삼국시대부터 인정되어 왔다고 보고 있으며, 당시 소유권의 성질도 근대법에서의 소유권 개념과 별로 다르지 않은 것이었다고 한다.

이 책에서는 풍수지리학의 양택풍수(陽宅風水)에 기초한 가상학(家相學), 즉 주택풍수를 소개하고 있다. 기존에는 풍수지리가 미신이나 잡학 정도로만 인식되어 있었지만, 근래 들어 학문의 한 분야로서 자리 잡고 있다. 그 근저에는 풍수지리에 관한 새로운 인식과 미국·독일 등과 같은 서양에서의 풍수지리에 관한 연구가 있기 때문이다. 우리의 전통풍수가 서서히 학문적으로 체계화되면서 도시계획상의 대단지 주거단지를 비롯한 일반가정의 생활 디자인에도 그 영향을 미치고 있다. 이에 저자는 현실적 요구와 대학에서 학생들에게 강의하면 교재의 필요성을 느끼게 되어 부족하나마 이 책을 정리하게 되었다.

이 책은 부동산학과 전공자, 주택 코디와 풍수지리학에 관심을 갖고 있는 모든 사람들이 쉽게 이해할 수 있도록 접근하여 다음과 같이 설명하여 정리하였다.

제Ⅰ부에서는 주택 코디네이션 입문자를 위해 풍수지리에 대한 일반적인 개념을 정리하였고, 제Ⅱ부와 제Ⅲ부에서는 기능(機能)과 방위(方位)로 본 가상(家相)에 대하여, 제Ⅳ부에서는 도시와 풍수에 대하여 이해할 수 있도록 세부적 내용을 정리하였으며, 부록에서는 우리나라에서 찾아볼 수 있는 명소들을 소개함으로써 독자들의 이해를 돕고자 하였다.

이 책 내용의 인용에 있어 잘못된 점이나 여러 가지 부족한 점에 대하여는 독자 여러분의 조언과 비판을 기꺼이 겸허히 받아들이고자 한다. 이를 토대로 향후에도 지속적으로 보완 및 수정을 하여 더욱 알찬 결실을 맺을 수 있도록 독자들의 아낌없는 질책과 지도편달을 기대하는 바이다.

끝으로 이 책의 저술에 참고가 된 많은 서적들의 저자분들께 감사드리며, 공저자들과 함께 좋은 책을 펴내기 위해 머리를 맞대고 수고해 주신 상학당 남승우 사장님과 임직원 여러분들을 비롯하여 격려와 도움을 주신 모든 분들께 감사드리며, 이 책을 읽는 모든 분들에게 항상 행운이 함께하기를 기원드린다.

저자 씀

차 례

제Ⅲ부 방위로 본 가상 / 95

제Ⅳ부 도시와 풍수 / 137

부 록 명소추천 23 / 159

▮도움을 준 도서▮181

사람에게는 인상, 즉 관상(觀相)이 있듯이
집에는 가상(家相)이 있다
우리가 좋은 인상을 가지려고 노력하듯이
삶의 공간인 집도 가꾸어
건강과 성공, 부귀를 누릴 수 있는 것이다

제 I 부

개 관

우리 조상(선친)들은 사람이 살아가는 데 다섯 가지 요소에 의해서 작용한다고 생각하였다.

첫째, 명(命) : 선천운
둘째, 운(運) : 후천운
셋째, 풍수(風水)
넷째, 적음덕(積陰德)
다섯째, 독서(讀書)

라고 보았다. 동양사상에서는 만물은 기(氣)의 형성이며, 활기로 활동하는 것으로 보고 있다. 그리고 이를 천기(天氣), 지기(地氣), 인기(人氣)로 구분하여 만물이 운행하는 것으로 파악하는데, 그 내용은 다음과 같다.

천기(天氣)는 하늘에 있는 기를 말한다.
지기(地氣)는 땅에 있는 기를 말한다.
인기(人氣)는 천기와 지기 사이에 있는 기, 즉 사람의 기운을 말한다.[1]

여기에서 바람과 물이 주요한 것은 천기와 지기를 타고 형성된 자연(自然)의 대표적인 현상이기 때문이다. 그러므로 바람과 물은 인간의 삶의 터전인 주택의 입지조건에서 가장 중요한 요건이 된다.[2]

이런 연유로 풍수(風水), 즉 풍수란 우리 곁에 두고 있는 자연을 의미하는 것이다.[3]

---

1) 천(天) · 지(地) · 인(人)을 토내로 우리나라의 글인 한글의 모음이 창제되었다.

2) 풍수지리는 산(山), 수(水), 방위(方位), 이들 3가지를 기본요건으로 한다. 풍수지리학은 대자연인 환경과 인간생활의 조화를 목표로 하고 있다. 따라서 도시에서는 그 산의 역할을 고층건물이나 고층 공동주택이 하고 있고, 강물의 역할을 도로나 길이 하고 있다. 이때 산과 아파트(공동주택), 고층건물은 양(陽)의 기운, 강과 도로는 음(陰)의 기운으로서 산과 강, 고층건물과 도로에는 왕성한 자연의 기가 흘러넘치며 음양의 조화를 이루어야 좋은 것이다.

3) 동양에서는 예전부터 사람이 살아가는 데 5가지 요소에 의해서 영향을 받는다고 생각하였다. 이를 일명(一命), 이운(二運), 삼풍수(三風水), 사적음덕(四積陰德), 오독서(五讀書)로 보고 있다. 그 내용은 다음과 같다.
① 명(命) : 숙명이나 선천적 경향성 또는 그 사람에게 가장 큰 영향력을 미치는 것

우리가 일반적으로 생각하는 풍수는 '좋은 땅을 구해 묏자리를 쓰려고 하는 것'으로 생각한다.

그러나 진정한 의미의 풍수는 자신에게 유리한 기(氣)를 조성하는 것이다. 다시 말하면 "땅(大地)에만 국한되는 것이 아니며, 또한 죽은 자를 위해 죽어서 그 기운이 살아있는 자에게 미치도록 할 때"[4]만 필요한 것이 아니다. 따라서 풍수이론은 죽은 사람의 집, 즉 묏자리를 보는 음택풍수(陰宅風水)와 살아 생활하는 사람의 집을 보는 양택풍수(陽宅風水)가 있다.

풍수라는 용어 자체는 '장풍득수(藏風得水)'[5]에서 풍(風)과 수(水)를 취한

이다. 물론 이는 생년월일이나 출생지라는 자료로 산출되기도 한다. 선천팔자(先天八字), 자미두수(紫薇斗數), 하락리수(河洛理數) 등의 중국 성리학에서 놀랄 만한 확률을 나타내고, 이 선천운이 바뀌어 개선하는 것은 거의 곤란하다.

② 운(運) : 후천운으로서 아무리 명이 좋아도 운의 범주 안에 들어가 혜택을 받지 못하면 힘겨운 나날을 보내게 되지만 반대로 명이 나쁘더라도 운의 혜택을 받으면 윤택한 나날을 보낼 수 있다. 이 후천운파의 영향력은 명에 다음 갈 정도로 강한 면이 있고 역시 바꾸는 것이 어렵다.

③ 풍수(風水) : 사람의 지혜로는 바꾸기 곤란한 명과 운 다음으로 강한 것이 풍수이다. 출생지의 풍수는 자신이 선택하는 것은 불가능하지만 자아(自我)가 싹튼 후에는 풍수를 스스로 선택할 수 있다. 따라서 풍수는 태어나면서 갖게 된 복일 수 있으며, 동시에 자신의 의사와 판단에 의해 선택할 수 있는 것이기도 하다.

④ 적음덕(積陰德) : 선행을 쌓음으로써 예상외의 행운을 불러들일 수 있는 것을 말한다. 주변을 위한 구제, 자비, 봉사, 자선 등의 자세를 가리킨다.

⑤ 독서(讀書) : 학습하고 공부하는 것을 말한다. 기술, 지식 등을 습득하거나, 어떤 경험을 쌓는 것 등을 말한다. 아무리 재능이 출중하더라도 이 단계에서 출발하며 예외는 없다.

이러한 내용을 토대로 보면 명과 운은 선천적인 것이고, 적음덕과 독서는 후천적이라고 볼 때 풍수는 그 사이에 위치함으로써 후천적인 노력을 경주하여야 할 교량역할을 하는 것이라 판단된다.

4) 조상의 시신이 소골(消骨)되면서 발산하는 쾌적하고 선량한 기가 동조 작용을 보이는 후손에게 연결된다. 그리하여 후천적으로 발음(發蔭), 발복(發福)하게 된다는 일명 동기감응(同氣感應)을 일으킨다는 것을 말한다.

5) 인간의 모든 생존활동은 자연환경 속에서 이루어진다. 이러한 인간생활 속에서 자연환경의 요소인 바람(風), 물(水), 땅(地)이 서로 어울릴 때 하나의 법도(法道)(理)가 생기게 된다. 이 법도란 음양오행(陰陽五行)과 주역팔괘(周易八卦)를 근거로 풍(風), 수(水), 지(地)가 조화를 이루는 것을 말한다.

다는 뜻을 가지고 있다. 풍수에 대한 정의를 살펴보면 풍수연구가인 최창조는 "풍수지리설이란 음양론과 오행론을 기반으로 주역의 체계를 주요한 이론 구조로 삼는 중국과 우리나라의 전통적인 지리과학이다"라고 정의했고,[6] 민속학자인 황종찬은 "사람들이 자연환경적인 경험을 바탕으로 하여 기후 변화와 땅의 이용에 따른 다양한 사례들을 일정한 확률로 통괄함으로써 거주환경을 선택하고 처리하는 데 하나의 지표로 활용케 하는 학문"으로 정의하고 있으며[7], 김승완은 "풍수지리란 음양오행설을 기반으로 하여 용·혈·사·수를 요소로 하고, 기(氣)를 본질로, 동기감응의 천리(天理)를 본으로 하여, 땅과 인간의 조화를 도모하여 취길척흉을 목적으로 하는 자연환경과학이다"[8]라고 정의하고 있다.

즉 풍수지리 사상은 이러한 자연의 다양성과 변화에 대한 경험적인 터득이며 인간의 주거와 취락의 입지선정에 관한 방법론이라고 볼 수 있다. 또한 죽은 자의 영면을 위한 길지선정(吉地選定)의 목적으로 땅이 갖고 있는 신비한 생명력을 믿고 이를 생활에 적극적으로 활용하고자 하는 인습의 하나이다.[9]

풍수의 이론적 체계를 살펴보면 다음과 같다.

우리나라의 경우 도시(都市)는 큰 산을, 촌락(村落)은 작은 산을 북쪽에 의지하고 형성되는 것이 일반적이라 할 것이다. 장풍을 하는 대로 좌청룡(현 자리에서 바라보았을 때 왼쪽에 위치한 산, 권력·명예·아들을 상징), 우백호(현 자리에서 바라보았을 때 오른쪽에 위치한 산, 부·딸·며느리를 상징)뿐만 아니라, 주산(主山), 조산(祖山), 안산(案山), 조산(朝山)이 균형을 이루며 조화될 때 이에 비례하여 혈(穴)의 크기가 결정된다. 이는 멀리 떨어져 있는 산보다는 가까이 있는 것이 더욱 큰 영향을 준다. 또한 물은 높은 데서 낮은 곳으로 흐르기 때문에 용(龍)의 형태가 물줄기를 가름하며 단 한 치의 높음도 환경의 변화에는 나쁜 역할을 한다는 것이 장풍득수론이다.

6) 최창조, 《좋은 땅이란 어디를 말함인가?》(서울 : 서해문집, 1990), pp. 21-22.

7) 황종찬, 풍수지리 입문, (서울 : 좋은글, 1999), p. 23.

8) 김승완, 주택입지선정의 풍수지리적 고찰. 자치행정연구, 2집, 1997. p. 367.

9) 박시익, 풍수지리설 발생배경에 관한 분석연구, 고려대학교 대학원 박사학위논문; 1987, p.187.

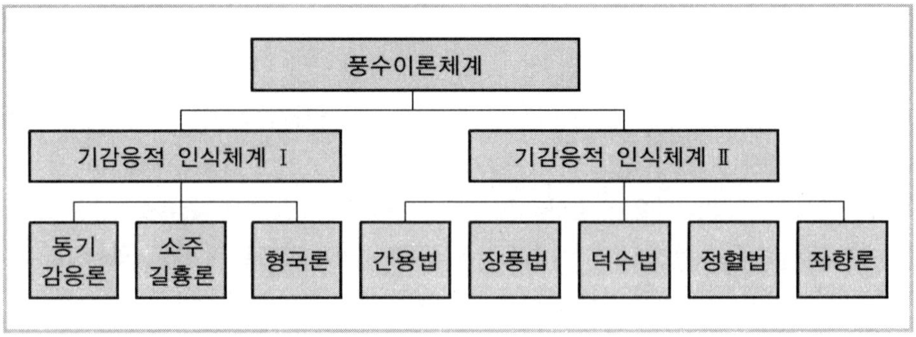

[그림 1] 풍수의 이론체계

자료 : 최창조, 《좋은 땅이란 어디를 말함인가?》(서울 : 서해문집, 1990), p. 178. 필자 재구성

이 중에서 양택풍수는 주택에 관한 풍수이론이라고 하여 가상학(家相學)이라고도 한다.

가상(家相)이란 문자 그대로 가옥(家屋)의 상(相)이다.

가옥의 상이란 가옥의 모양만을 가리키는 말은 아니다.

가옥의 겉모양은 누구나 눈으로 확인할 수 있지만, 그 가옥에 깃들여 있는, 그리고 살아서 작용하고 있는 상은 눈에 보이지 않는 무형(無形)이며, 인간에 비유한다면 사상(思想)과 같은 것이다.

인간은 사상은 눈에 보이지 않지만, 보이지 않는다면 인간이 사상을 갖고 있지 않다고 말할 수 있겠는가?

이와 마찬가지로 사상에는 인상(人相), 수상(手相)과 같이 가옥에서는 가상(家相)이 있으며, 가상은 그곳에 살고 있는 가족의 운명을 좌우하는 결정적 역할을 한다. 다만, 인간의 사상이 변하는 것과 환경이 변하는 것과 같이 인상, 수상, 가상도 변할 수 있다. 따라서 이를 응용해서 재난을 사전에 방지하고, 쇠퇴를 번영으로, 불운을 행운으로 돌려 잘되도록 하는 것이 가상의 사명(使命) 즉, 가상을 공부하는 이유인 것이다.

음택풍수론과 양택풍수론의 특징은 다음과 같다.

1 음택풍수론

명당(明堂)은 혈장(血場) 또는 진혈(眞血)이라고도 하는데, 돌아가신 조상의 시신이 육탈소골(肉脫消骨)되기에 좋은 땅을 말한다.

산줄기가 살아있는 맥(脈)을 이루면서 뻗어 내려와 용(龍)을 이루고, 산천의 밝고 선한 정기가 고여진 땅의 좌우 양쪽에 청룡과 백호의 사신사(四神砂)가 장풍(藏風)해서 기(氣)를 갈무리해 주고, 앞으로는 맑은 호수나 강물이 흘러서 뒤의 산(山)과 음양의 조화를 이루는 땅을 일컫는다.

이것이 좋은 묏자리를 고르는 법, 즉 음택풍수론의 요점이다.

풍수지리학은 크게 양택풍수와 음택풍수로 나누어진다. 사람들이 일반적으로 알고 있는 풍수지리라 함은 음택풍수를 말하고 있다. 이 음택풍수이론은 사자(死者)의 집, 즉 묏자리를 보는 것이라 할 수 있다. 다시 말해서 명당이라 불리는 좋은 묏자리를 고르는 법이 음택풍수인 것이다. 음택풍수의 대표적 이론으로 동기감응론[10]을 들 수가 있다. 이는 조상의 시신이 소골(消骨)되면서 발산하는 쾌적하고 선량한 기가 동조작용을 보이는 후손에게 연결되어 후천적으로 발음(發蔭), 발복(發福)하게 된다는 이론이다.

이와 관련해서 미국의 한 연구기관에서는 어미토끼와 새끼토끼 5쌍을 각각 지상과 잠수함을 이용한 해저에 분리시켜 놓고 충격반응을 실험하였

10) 동기감응이란 동질의 기는 서로 감응한다는 뜻으로서 명당과 발복의 인과관계를 말한다. 사람이 죽어 명혈에 매장되면 뼈가 황골로 변한다. 뼈가 혈에서 생기를 타면 기운이 자손과 감응이 되어 그 영향을 받은 자손은 번성하고 부귀를 누리게 된다는 음덕을 말한다. 이에 관하여 금낭경에서는 동방삭의 구리광산 매몰과 동종의 울음(한나라 미양궁)과 나무에 꽃이 피면, 방안의 밤송이에도 싹이 튼다는 예를 들고 있다. 기맥을 타고 있는 토지를 구하여 양택지나 음택지를 쓸 수 있다면 좋겠지만 실제로 그것을 찾는다는 것이 쉽지 않다. 정말로 좋은 터를 구하는 데 능한 사람이 흔하지 않고 객관적으로 증명하기가 어렵기 때문이다. 그렇기 때문에 이 부분이 가장 객관적인 접근을 하기에 어려운 부분이라 볼 수 있고 그만큼 문제점과 폐단이 많이 노출된다.

다. 그 결과 같은 유전자의 어미토끼와 새끼토끼는 비슷한 반응을 보였다고 한다. 이는 단적으로 같은 기는 반응한다는 것을 보여주고 있다. 또한 1960년도에 노벨화학상을 수상한 미국의 화학자 윌라드 리비 박사는 인체에서 방사되는 파장은 14종이 있으며, 이는 후손의 DNA에 영향을 미친다는 이론을 발표하였다. 이 이론은 풍수에서 말하는 사람의 유골도 동일한 파장을 가진 후손에게 전해진다는 동기감응론과 그 내용을 같이한다고 볼 수 있다.

1. 간 룡 법

간룡법(看龍法)은 산을 용으로 인식하고 그 맥락을 인체의 기혈이 흐르는 경락(經絡)처럼 이해한다. 용의 기맥을 처음 일으키는 조산(朝山)으로부터 주산(主山)을 거쳐 용이 머리를 들어 생기를 발산하는 혈처에 이르기까지 용맥의 흐름을 살피고, 혈처의 좌우를 아우르고 있는 안팎의 용맥 곧 좌청룡과 우백호의 조화를 헤아린다. 이때 조산을 곤륜산(崑崙山)이나 백두산으로 설정할 정도로 거시적이며 좌우의 용맥도 안팎을 겹으로 고려할 만큼 폭이 넓다. 거의 모든 산맥을 다 헤아린다고 해도 지나치지 않을 정도이다.

간룡법의 이러한 지리 이해 방식은 모든 개체들이 생명공동체로서 공생관계에 있다고 보는 생태학적 자연인식 체계와 상당히 일치한다. 따라서 보생명에 문제가 생기면 개체생명이 건강하게 유지되지 않는다는 생각도 생태학적(生態學的) 발상이라 할 수 있다. 거듭 말하면 개체생명은 그 자체로 불완전한 생명이다.[11] 그러므로 간룡법은 명당이라고 하는 개체생명뿐만 아니라 그에 대하여 보생명인 조산과 주산, 안산, 청룡과 백호 등이 제대로 갖추어 있어야 하고 살아서 제 구실을 해야 한다는 데 관심을 기울인다.

---

11) 장회익, '우주생명과 현대인의 암세포적 기능' 녹색평론2, 녹색평론사, 1992, 1·2월호, p.14.

2. 혈 세 론

혈(穴)은 풍수지리에서 용(龍)과 함께 가장 중요한 곳이다. 이를 혈지(穴地), 혈판(穴坂), 당판(堂坂)이라고도 한다. 음택의 경우 시신을 매장하는 장소이며, 양택의 경우는 건물이 들어서는 곳이다. 혈을 인체에 비유하면 경혈(經穴)과 같다.

혈세론(穴勢論)은 크게 심혈법과 정혈법으로 나누어 볼 수 있다.

심혈법(尋穴法)이란 혈이 있을 만한 곳을 찾는 방법이다. 끝없이 넓은 산과 들판에서 불과 1~2평 남짓한 혈지를 찾는 것은 매우 어려운 일이다. 혈의 결지 요건 등 풍수지리 이론을 자세히 알고 있다 하더라도, 실제로 산야에 나가면 어디서부터 어떻게 혈을 찾아야 할지 막연하고 난감하다. 무조건 아무 산이나 헤집고 돌아다닌다 하여 혈을 찾을 수 있는 것도 아니다.

정혈법(定穴法)은 정확한 혈처를 정하는 법을 말한다. 양택의 경우는 주 건물이 들어설 자리다. 음택의 경우는 시신을 매장할 광을 파는 자리다. 앞에서 살펴본 심혈법(尋穴法)은 멀리서 바라보고 혈이 있을 만한 위치를 찾는 이론이었다. 심혈을 해서 그곳을 찾아들어 갔으면 이제 생기가 뭉쳐 있는 정확한 혈을 찾아야 한다.

즉 입수도두, 선익, 순전, 혈운 등이 분명하고 혈토가 나오는 혈을 정확하게 정하지 않으면 안 된다. 아무리 심혈을 잘했다 하더라도 정혈을 잘못하면 무용지물이 되고 만다. 어렵게 용진처(龍盡處)의 혈지를 찾았다 할지라도 혈토가 나오는 혈심이 아니면 모든 것이 허사가 되고 만다. 실제로 모든 혈의 결지 조건이 갖추어진 곳에서도 불과 몇 자 사이로 혈심에서 어긋나 오점(誤點)한 경우가 많이 있다. 혈은 사방이 여덟 자 정도밖에 되지 않는 작은 땅이다. 태조산을 출발하여 수백 리 혹은 수십 리를 행룡한 용이라도 생기가 뭉쳐 있는 혈은 불과 지름이 3m 미만인 원에 불과하다. 이를 정확하게 찾아 쓰는 것은 여간 어려운 일이 아니다. 그러나 모든 자연에는 이치가 있는 법이다. 혈이 있을 만한 자리는 그만한 조건을 갖추고 있다. 그 조건만 잘 알면 정혈도 그리 어려운 문제만은 아니다. 정혈법은 주변의 산세와 수세를 살펴 정혈의 정확한 위치를 정하는 방법론이다.

혈을 맺는 곳은 첫째 주룡이 기세 있게 변화하면서 살기를 모두 털어낸 곳에서만 가능하다. 이는 지기가 순수한 생기로만 가득하다는 증거다. 두 번째 생기가 멈추고 혈판에 가두어지려면 물이 유정하게 감싸주고 있어야 한다. 세 번째 혈의 생기가 바람에 흩어지지 않으려면 청룡 백호를 비롯한 주변 산들이 이중 삼중으로 감싸고 있어야 한다. 네 번째 혈 앞의 명당은 평탄하고 원만해서 보국이 안정되어 있어야 한다.[12]

이를 현대적으로 풀이하면 풍수지리란 자연환경과의 조화를 추구하는 학문이라 할 수 있다.

좋지 않은 묏자리에 묻힌 시신은 땅속에 흐르는 물길을 오염시키고, 땅속에 벌레를 들끓게 하여 자연과의 조화를 깨뜨린다.

동기감응의 원리에 의해 그 흉기(凶氣)가 후손에게 전달됨으로써 패가망신하거나 중병을 앓게 되고, 교통사고 등 인재(人災)를 당하게 된다. 물론 이러한 이론이 과학적으로 검증된 것은 아니다.

그러나 우리 선조들은 오랜 역사와 경험을 통해 그러한 땅의 위력과 기의 영향력을 체득하여 후손들에게 삶의 지혜를 전수시킨 것이다.

생기맥(生氣脈)이 흐르는 명당의 토질은 흙의 색이 밝고 단단하며 윤기가 흐른다.

주변보다 다소 높은 지반(地盤)이기 때문에 비가와도 배수가 잘되며, 햇볕도 잘 받게 된다. 따라서 땅의 습도가 적당하고, 공기도 따사로워서 그 땅위에 서 있으면 쾌적한 느낌을 받게 되는 것이다. 이런 명당에 묻힌 조상의 기가 후손들의 생활에 영향을 미치게 되며 부(富)와 성공을 향한 입신출세를 돕는다고 보았던 것이다.

이것이 음택풍수론의 특징이다.

---

12) http://www.poongsoojiri.co.kr/(2009년 10월 22일)

2 양택풍수론

양택풍수, 즉 가상학 역시 근본적으로는 음택풍수론의 요점을 응용하고 있다.

집 뒤쪽으로 적당한 언덕이나 산이 있어야 거기에서부터 자신의 집까지 살아있는 맥(脈)이 흐르게 된다. 집의 좌우에는 보호자의 역할을 하는 건물이나 시냇물 등이 흘러서 사신사(四神砂)를 갖추되 집터(택지)가 주변보다 다소 높아 비가와도 배수가 잘되는 땅이어야 한다. 지반이 단단하고 토색이 밝으며 햇볕이 잘 드는 땅이 좋은 집터이다. 여기까지는 음택풍수와 별다른 차이점이 없다.

앞서 살펴본 음택풍수에 비해 양택풍수는 살아 생활하는 사람의 집을 보는 것이라 할 수 있다. 기존에 양택풍수를 내용으로 하고 있는 풍수지리가 미신이나 잡학 정도로만 인식되어 왔지만, 근래 들어 다양한 연구를 통하여 풍수지리가 학문의 한 분야로 자리 잡고 있으며, 대학에서도 풍수지리학 강좌가 개설된 곳이 많음이 그 현실을 나타내 주고 있다.

우리의 전통풍수가 서서히 학문적으로 체계화되어 가면서 현대의 도시계획이나 주택의 입지, 주거공간의 다양한 배치와도 일면 통하는 부분이 나타나는 것을 볼 수가 있다. 이러한 배경에서 풍수지리를 활용한 주택의 방, 거실 등의 눌리석 공간배치와 가구배치에 대하여 살펴보기로 한다.

1. 풍수지리적 요소의 현대적 재해석

현대인의 주거입지선정 요소는 생태적 인자는 물론 경제적 인자를 중요시한다. 예를 들어 인간생활의 근원지(根源地)이며 성장의 요람인 주택 전경이 좋으면 정서면에서 좋은 영향을 주어 가격도 오르기 때문이다. 따라서 전경이 좋은 호수 또는 강이 있거나 아름다운 앞산(案山)이 있는 주택은 재테크의 수단으로 활발히 이용되고 있다. 또한 과거로부터 주거입지의 중추적 개념으로 이어져온 풍수이론이 주거입지는 물론 가구배치와 인테리어까지도 응용되고 있다.

(1) 수 맥

최근에 주거입지(住居立地)에 중요한 요소로 등장한 것이 땅 밑에 흐르는 수맥(水脈)이다. 수맥이란 인체의 혈관처럼 땅속에 흐르는 물줄기로서 지하 10~40m에 가장 많이 분포되어 있고 평균 13~14℃를 유지하고 있다[13]. 또한 지구 내부의 마그마활동(고온 핵반응), 단층 균열, 지구 격자(Global Grid) 등에서 중성자가 발생되고 이는 수맥 자체 주변에 형성되는 전자기계(극성과 자성을 지님)를 지나면서 인체 및 모든 생물체에 치명적인 파장(감마선 이상 : 선진국에서는 수맥파를 Micro파에 가까운 것으로 해석)을 보낸다. 수맥 특유의 극성 때문에 적혈구에 있는 철 성분이 수맥에 의하여 대전 및 자화되고 DNA의 손상 및 치환, 변형으로 세포가 불안정하게 되어 적혈구(산소운반) 및 백혈구(살균)기능이 현저히 저하, 각종 질병을 유발하며 수맥 유해파는 2만m 상공의 비행기, 자동차, 선박에서도 포착될 만큼 강력하다. 서양에서는 수맥파를 종파나 횡파로 밝혀지지 않은 제3의 파장으로 규정하여 Harmful Radiation이라 표현하고 있다[14].

지하에는 일정한 방향성을 가진 수맥이 존재하며 이 수맥은 순환작용을 위하여 지표로부터 일정한 양의 물을 받아들이기 위해서 자체적인 힘을 내고 있다. 흙과 흙 틈새로 수분을 공급받으려는 힘은 그것을 방해하려는 물체를 파괴하는 작용을 한다. 웬만한 물리적 충격에도 끄떡도 하지 않는 단단한 철근 구조물을 금이 가게 하거나, 아스팔트 도로도 쩍쩍 갈

---

13) 수맥은 투수성이 높은 흙이나 암석 속에서 지하수 층을 이루면서 움직이는 것을 말한다.
14) http://sumac.co.kr/ water 동방수맥.(2009년 10월 20일)

라지게 한다. 이러한 현상을 수맥이 물을 공급받기 위해 필연적으로 일어나는 자괴(自壞)현상이라고 한다. 수맥은 중력에 의해서 움직이므로 지상의 지표 높이와는 상관없이 계속적으로 흐른다. 때문에 수맥은 산 정상에도 있을 수 있으며 바다 가운데에도 있을 수 있다.[15]

건축물도 마찬가지로 수맥파에 노출되면 그 강도에 따라서 수개월 내지 수년간의 지속적인 수맥파의 영향으로 틈이 발생하여 건축물의 수명이 단축되고 유지보수비가 많이 발생하는 문제점이 생기는 것이다.

전자제품에 미치는 영향으로 수맥파의 파괴력은 컴퓨터 등 정밀기계나 전자기계장비 등에 명확한 이유 없이 원인모를 고장을 일으킨다. 이러한 영향은 급격히 나타나는 것이 아니라 지속적으로 수맥파에 노출되었을 때 나타나며 수맥파는 수직파인 저주파로서 진행속도가 늦기 때문에 서서히 나타나는 것이다.[16]

이러한 수맥은 인간의 건강(健康)에도 막대한 영향을 끼치며, 동식물의 생육 상태와 건축물 및 수맥 위에 있는 기계의 원인모를 고장 등 인간생활 전반에 영향을 준다. 이러한 현상은 단층주택에만 피해를 입히는 것이 아니라 수십 층 아파트도 마찬가지이다. 그러므로 수맥은 쾌적(快適)하고 건강한 주거생활(住居生活)에 있어서 고려해야 할 요소로 볼 수 있다.

1) 수맥이 인체에 미치는 영향

① 어린아이 인 경우

수면을 제대로 취하지 못하고, 잠자리에 땀이 젖으며, 악몽을 자주 꾸게 된다. 아울러 과민증상과 긴장감을 느끼며, 성격이 신경질적이 된다.

② 성인 인 경우

억압감, 이상 긴장, 과민, 흥분, 신경질적인 반응을 나타내며, 심해지면

---

15) http://www.poongsoojiri.co.kr 정통풍수지리.(2009년 10월 22일)

16) http://www .everfree.com/ korean / content/ intro/ index. html.(2009년 10월 22일)

차량운전의 장애, 맥이 빠져 수척해지고 침울하며, 성격이 왜곡될 우려가 있다.

암, 관절염, 치매, 불면증, 우울증, 만성피로, 생리통, 두통 등의 증세가 있다.

③ 수맥이 인체에 미치는 영향

인체의 신경계에 주로 작용을 하며, 두뇌의 호르몬계통과 기관을 지나치게 활동적으로 작용하게 하여 수면을 델타수면(숙면상태)으로 유지하는데 장애를 주는 것으로 나타났다.

④ 수맥이 사람이외에 미치는 영향

수목의 고사(枯死), 건물의 균열, 가축의 질병 및 사망, 전자기기 등이 고장 등의 장애요인이 발생한다.

⑤ 주위의 동·식물을 통한 수맥 간접탐사

수맥을 좋아하는 동·식물	수맥을 싫어하는 동·식물
고양이, 개미, 벌, 곤충류, 기생충, 박테리아, 버드나무, 복숭아나무, 자두나무, 떡갈나무, 버섯류, 약초류, 겨우살이류	사람, 개, 소, 돼지, 양, 말, 닭, 물고기류, 조류, 밤나무, 호두나무, 배나무, 사과나무, 앵두나무, 라일락, 해바라기, 보리수 등

2) 수맥 탐사하는 방법

수맥을 정확히 탐사하기 위해서는 올바른 자세가 필요하다. 그리고 의뢰하는 사람에게 신뢰를 주어야 한다. 따라서 탐사봉을 처음 잡게 되면 나쁜 습관을 교정하여 올바른 자세로 탐사할 수 있도록 노력하여야 한다.

탐사하는 기구로는 버드나무가지, 탐사 추, L-Rod, O-Ring test 등의 방법이 있다.

① 버드나무 가지

나뭇가지는 V자형이 좋으며, 적당히 수분을 품고 있고 가는 것이어야 좋다. 이런 연유로 나뭇가지는 현지에서 꺾어 사용하는 것이 좋고 가지 끝을 자르지 않고 사용하여야 민감하게 반응하고, 작용을 한다.

만일 V자형 나뭇가지가 없으면 실로 묶어 사용해도 무방하다. 실로 단단하게 묶은 나뭇가지 끝을 수평으로 잡고, 편안한 마음으로 걷다보면 수맥이 있는 부분에서는 묶은 부분이 아래로 휘어지는데, 이 휘어지는 강도에 따라 수맥의 폭과 물의 양을 가늠할 수 있다.

② 탐사 추

추는 L-Rod나 나뭇가지와는 달리 민감한 작용을 하므로 다루기는 다소 어려운 점이 있으나, 꾸준히 연습하면 생각보다 수월하게 습득할 수 있다. 추의 재질로는 철, 구리, 아연, 돌 등 무엇이든지 무난하다. 특히 열전달이 잘 안 되는 상아, 수정, 동물뼈 등이 보다 좋다고 할 수 있다.

줄은 가는 쇠줄을 사용하는 것이 비교적 민감하게 작용을 하여 바람직하다. 줄의 길이는 10㎝미만의 것을 사용하고 무게는 10~30g이 적당하다.

방법은 오른 손에 힘을 뺀 상태에서 엄지와 검지(제2지)를 가볍게 쥐고 걷다보면 수맥이 있는 지역에서는 자력의 힘처럼 느껴지면서 추가 흔들리면 반사 자력으로 인해 계속적인 반복운동을 한다. 이때 추의 진동방향은 물이 흐르는 상・하류 방향으로 규칙적으로 움직인다.

③ L-Rod

탐사봉의 재질은 일반적으로 철, 동(銅) 등을 사용한다. 이때 금, 은 등으로 사용하면 더욱 효과를 볼 수 있으나 비용의 문제를 고려하여야 한다.

(2) 층 고

산업화(産業化)와 도시화(都市化)로 인구집중 현상과 더불어 증가하는 주택 수요를 해결하고자 부증성(不增性)이 유한한 토지공간을 효율적이고 입체적으로 활용하지 않으면 안 되었기 때문에 고층의 아파트 건설이 불가피해진 것이다. 그러나 단독주택과는 달리 공동주택인 고층아파트의 건설은 토지이용의 효율성만 강조하였기 때문에 대부분의 풍수지리(風水地理)적 조건을 구비하지 못하고 있다. 구조적인 측면에서 보더라도 건축 재료가 철근과 콘크리트로 되어 있기 때문에 습기를 흡수하므로 대체적으로 대지 위에서보다 건조하고, 이로 인하여 호흡기 질환이나 만성감기 등을 수반하게 되고, 더구나 철근은 자성을 띠는 물체이므로 지자기(地磁氣)의 자력선(磁力線)과 자력의 힘에 영향을 미치게 된다는 것이다. 이러한 현상을 실제 측정한 결과 자력선의 혼란현상과 자력이 약화되고 있는 것을 볼 수 있었다고 한다.

즉 토지의 지자기(地磁氣)는 0.5 가우스(gauss)인데 4층 이상의 아파트에 올라가면 그 절반인 0.25 가우스로 낮아진다는 것이다. 이것은 고도가 높아질수록 자기의 도달하는 영향력이 약해진다는 것을 의미한다. 이때 인간에게 정상적인 지자기의 양은 0.5 가우스이며 이보다 낮은 지자기를 받을 경우 신체에 해가 미칠 수 있다고 본다.[17)]

(3) 조망권

현대에 와서 높이와 관련지어 빼놓을 수 없는 것으로 조망권을 들 수 있는데 이것은 부동산 프리미엄 형성에도 큰 영향을 주는 요인이다.

조망권은 하루아침에 생긴 것이 아니라 예로부터 앞이 트이고 앞쪽이 편안해 보여야 좋은 것으로 여겨왔듯이 현재에도 조망권에 이런 부분이 적용이 되고 있다. 그러나 다른 점이 있다면 도시의 건물의 고층화로 인하여 앞이 가리지 않으려면 앞 건물보다 더 높아져야 한다. 특히 이런 경우 고층아파트의 로열층이라고 하는데 높은 층이 일조관계나 시야가 광범위하여 좋은 점도 있지만 지나는 외풍과 강풍이 충돌하여 창문의 진동

17) 권태일, 풍수사상이 주거입지선정에 미치는 영향에 관한 연구, 건국대학교대학원, 석사학위논문, 2001, pp. 42-43.

은 물론 외기의 유입 그리고 고공공포증의 유발과 초고층의 경우 바람으로 인한 빌딩이나 아파트 자체의 진동도 수반되므로 결코 최적의 주거조건이라고 할 수는 없다.[18] 또한 앞에서 언급했듯이 초고층인 경우 지자기로 인한 인체의 영향도 높이와 조망권의 관계에서 다시 한 번 고려해 봐야 할 사항이라고 볼 수 있다.

(4) 물과 도로

현대 사회의 우리는 토목기술의 발달로 다리를 이용하여 도로(道路)로 통행을 하고 있다. 마포나루 · 노량진 등의 배가 출입하는 지명들이 있는 것과 물길이란 말이 있듯이 과거에는 교통수단으로 물(水)을 이용하여 통행할 수 있었다. 다시 말하면 현재의 도로는 예전의 물로 볼 수 있는 것이다. 바쁘게 움직이는 현대인의 교통연계성에 대한 관심은 주택의 입주자로서 그 어떠한 관심보다도 큰 대상이 되고 있고 교통이 편리한 곳의 토지이용 가치는 높아지기 마련이다.

물길의 경우 직수(直水)보다 곡수(曲水)를 더 좋게 본다. 직수의 경우 물살이 세고 소음이 강한 편이며 습도가 높게 된다. 반면 곡수의 경우 유속이 느리고 그만큼 소음도 적으며 물과 함께 움직이는 바람의 움직임도 서서히 움직이게 될 것이다. 도로의 경우 일반적으로 편리한 직로(直路)가 좋다고 생각할 수 있으나 도로를 통행하는 사람의 입장보다 그 주변에 주거하는 사람의 입장에서 보면 쾌적한 주거환경을 위해서는 빠른 통행으로 인한 위험성과 소음의 영향은 반드시 있을 것이다. 곡수의 경우 모두가 좋은 것은 물론 아니다. 안과 밖이 있는데 안쪽을 길하게 보고 바깥쪽을 좋지 않게 본다.

실제로 상업용 점포에서도 4차선의 직선도로보다는 사람의 통행이 많고 천천히 도보로 움직일 수 있는 이면도로에 위치한 점포들이 일반적으

18) 이원준, 토지개발사에 나타난 풍수지리사상의 영향. 대한지적공사, 지적233호, 1994. pp.73-75.

로 매상고가 높은 편이다.[19)]

(5) 기맥(氣脈)

풍수지리의 목적은 땅속에 생기가 머물러 있는 곳을 찾는 데 있다. 이를 혈(穴)이라고 한다. 혈은 한방에서 침을 놓는 올바른 자리를 말하고 풍수지리에서는 산천의 정기가 머물러 있는 곳을 말한다. 땅의 용맥에서 흐르는 생기를 지기(地氣) 또는 정기라고 하는데, 기(氣)가 통하는 용맥을 사람에 비유하면 혈관과 같고 기는 혈관에서 흐르는 피와 같다. 기(氣)라고 하는 것은 형체나 빛도 없고 냄새도 없기 때문에 눈으로 볼 수 있는 물체처럼 분명하게 설명할 수는 없다.

즉 기는 분명히 존재하는 것이지만 설명하기가 쉽지 않다. 동양철학에서는 음양오행의 원리에 따라 만물의 근본이 되는 것을 기라고 말하며, 현대과학에서는 이를 에너지라고 말하고 있다. 지기는 만물을 창조하고 생성케 하는 기본요소(基本要素)이다. 땅속을 흘러다니는 기가 일정한 곳에 머물러 뭉쳐 있는 곳이 혈(穴)이다.

(6) 일조(日照)와 방향(方向)

과거 조선시대(朝鮮時代) 숙종 때 실학자였던 홍만선은 〈산림경제〉에서 집터의 조건과 집을 짓기 위한 전제조건, 집 주변의 물길에 대한 조건 등을 열거하면서 "집터 주변의 땅은 기름지고 햇빛을 잘 받는 양명(陽明)한 곳이어야 좋다"라고 강조했다. 아울러 초목(草木)이 잘 자라지 않는 곳, 산줄기의 경사가 심하여 맥이 응결되기 힘든 곳, 무덤이나 감옥이 있던 자리는 집터로 삼아서는 안 된다고 했다. 양지 바른 집, 양명한 곳에 자리 잡은 집이어야만 가정이 화목하고 가족들의 발전이 빠르며 무병장수(無病長壽)할 수 있다고 믿었던 것이다.

---

19) 김민정, "부동산 가격과 풍수지리와의 관계에 관한 연구", 건국대학교 대학원 석사학위 논문, 2001. pp. 60-61.

부동산의 방향(方向)은 각종(各種) 토지이용(土地利用)에 있어서도 적용이 되고 주택의 구입이나 전세 등의 세입자 면에 있어서도 남향(南向)을 선호한다. 이러한 남향선호 경향은 매매가격에도 어느 정도 작용하고 있으며 이러한 남향선호는 우리의 조상 대대로 계승되어진 하나의 관념이다. 난방기기가 발달하지 못한 과거로부터 겨울철 북서계절풍에 의한 추위에서 보호를 받고자 하는 데 있다고 할 수 있다.[20)]

우리나라는 지리적인 특성으로 인해 중국대륙에서부터 불어오는 한랭한 북서풍(北西風)을 막고 남동쪽의 신선하고 따스한 햇볕과 공기를 잘 받기 위해서는 필연적으로 북서쪽이 높고 남동쪽이 낮은 남향인 집을 선호할 수밖에 없었다. 남향집은 계절풍을 막아주는 방풍 장치이자, 일 년 사계절이 뚜렷한 우리나라에서 따스한 햇볕을 집안에 끌어들일 수 있는 최적의 방위이자 좌향이었던 셈이다.

그러나 여기에서 태양의 역할은 따사로운 햇볕이지 직사광선이 아니었다. 사는 집에 관한 풍수를 광택(光宅)이라고 하지 않고 양택(陽宅)이라고 하는 데는 이런 까닭이 있다. 작열하는 태양이 곧바로 들이치는 집은 가산이 흩어지고 가족 간에 불화가 생긴다고 하여 예로부터 매우 흉하게 여겼다[21)]. 이렇듯 과거부터 중요시해 왔고 현재까지도 주택을 선택하는데 있어서도 중요한 요인(要因)으로 작용하고 있다.

가상학(양택풍수)은 이를 기본바탕으로 하여 집터의 모양에 따른 길흉(吉凶)을 알고자 함에 있다. 또한 주택의 방위와 구조, 실내의 가구 및 장식품들의 위치와 색깔, 가구의 배치, 문, 창문, 계단과 같은 주택의 구성요소를 통해 길흉의 작용을 알고자 함에 있다.

이 중에서 양택삼요(陽宅三要)인 안방(침실), 부엌(주방), 대문(현관)을 전통적으로는 가장 중요한 요소로 보았다. 현대적 의미에서는 여기에 거실을 추가함도 무리가 없을 듯하다.

---

20) 이원준, 상게서. p. 71.
21) 권태일, 상게서. p. 41.

상식 돌려보기 1

음택풍수와 양택풍수 : 우리나라는 조상에 대한 효(孝)를 최우선의 덕목으로 삼았던 까닭에 주택에 관한 양택풍수보다 묏자리에 관한 음택풍수가 보다 발달되었다. 그러나 풍수지리 이론의 원류라 할 수 있는 중국은 물론 유사 문화권에 속하는 대만, 홍콩, 일본 등은 양택풍수(주택풍수), 즉 가상(家相)을 우선시하고 있다.

이 책에서는 음택풍수와 양택풍수 중 산 사람들의 집을 위한 양택풍수, 즉 가상(家相)에 관하여 살펴보는 데 의미를 두었다. 왜냐하면 풍수는 살아있는 사람, 개개인에게 가장 필요하며 그들에게 가장 큰 의미가 있기 때문이다.

3 황제택경

우리 조상들은 후손들에게 양택풍수(가상학)를 전달하기 위한 지침으로 황제택경(皇帝宅經)에 의한 5실(實) 5허(虛), 즉 5실을 취하고 5허를 버리라는 가르침을 주셨다.

이 책에 따르면 5실(實)의 조건을 갖춘 집에서 살면 재물이 늘어나고 복록(福祿)이 따르지만, 5허(虛)의 조건에 해당하는 집에서 살면 살림이 갈수록 궁핍해지고 가세(家勢)가 기운다고 경계하고 있다.

다음은 5실 5허에 대한 내용이다.

1. 5실 5허

(1) 오실(五實)

① 집의 크기는 아담하고 작지만 상대적으로 식구가 많은 곳이라면 바람직하다.

② 집 규모에 비해 대문(현관)이 다소 작은 곳이라면 좋다.

③ 담장이나 울타리가 반듯하게 세워진 집이면 실(實)한 것으로 본다. 아파트라면 단지 내 흙을 이용하여 작은 동산 형상으로 능선을 이룬 듯하게 하여 이것이 울타리 역할을 하도록 한다.

④ 가축이 잘 자라고 나무나 화초(정원수)가 잘 자라는 집이면 좋은 집이다. 이를 현대적 의미로 확대 해석하면 이웃이 함께할 수 있는 곳 또는 이웃 사람이 자주 놀러오고 싶은 집이라고 할 수 있겠다.

⑤ 집 주변의 물길(도로), 시냇물(골목길)이 남쪽이나 남동쪽으로 집을 감싸며 흘러가는 곳이어야 한다.

도심지라면 남쪽이나 남동쪽으로 집을 감싸며 도로(물길)가 있어야 한다는 의미로 해석할 수 있다.

이는 현대적 의미로 해석한다면 남쪽과 남동쪽의 전망이 막히지 않고 트여야 한다는 의미로 볼 수 있다. 다시 말하면 도심의 밀집된 주택에서도 남동이나 남동쪽에 고층빌딩이 없어야 한다는 것으로 해석할 수 있다.

(2) 오허(五虛)

① 집의 규모(크기)에 비해 가족(식구)이 적은 집이라면 바람직하지 않다. 일반적으로 현대의 1인당 적정 주거공간은 5~10평이 적당하다고 한다.

② 집과 마당이 작은데 대문(현관)이 지나치게 크거나 높이 솟은 집은 좋지 않다.

③ 담장이나 울타리가 없는 집, 또한 담장이나 울타리의 부분이 무너지거나 올바로 세워지지 않고 기울어져 있는 집이면 좋은 집이 못 된다. 큰 도로변과 산이 가까이 있는 주택 중 담장이 없는 곳은 매우 궁한 것으로 평가한다.

④ 집은 작은데 정원과 마당(뜰)이 지나치게 큰 집은 바람직하지 않다.

⑤ 부엌의 위치가 올바르지 않은 집, 예를 들어 우물과 부엌이 침실 가까이 있거나 집의 한 가운데 있는 집을 말한다.

상식 돌려보기 2

주택3대 흉격(凶格) :

① 전고후저(前高後低)인 주택

② 남동고(南東高), 북서저(北西低)인 주택

③ 북향이나 남향으로 물(연못, 호수, 샘)이 지나치게 많은 주택

4 좋은 집터

1. 산을 등지고 낮은 곳으로 향하라

이는 배산임수(背山臨水)의 원칙을 준용한 것이다.

좋은 집이란 우선 배산(背山) 형태이어야 한다.[22] 즉 집 뒤쪽에 산이 있어 집이 산을 등지고 있는 형국을 말한다. 산이 없다면 산의 역할을 하는 언덕이 있어야 하고, 언덕이 없다면 자기 집보다 다소 높은 건물이라도 뒤에서 받쳐주고 있어야 한다.

한편 좋은 집의 조건으로는 배산(背山)과 함께 임수(臨水)를 들 수 있다.

말 그대로 풀이하면 '물에 임한다 또는 면한다'라고 할 수 있지만, 여기서는 단순히 물(水)만 칭하는 것이 아니다.

집 주변을 둘러싸서 감싸듯이 흘러가는 기(氣)의 흐름을 물에 비유한 것이다.

가상학(家相學)에 있어서 시냇물이나 강물이 흐르는 곳에 생기(生氣)가 흐르고 있으며, 사람과 자동차가 오가는 도로 역시 물의 흐름과 같이 기가 흐른다고 보는 것이다.

그런데 배산임수라고 해서 집 앞이나 옆으로 지나치게 큰 강물이나 물살이 빠른 강물이 지날 경우 매우 흉(凶)하다고 보았다.

---

22) 집 뒤쪽에 든든한 산이 있으면 우선 지리적으로 우리나라 가옥들이 겨울철에 받는 차가운 북서풍으로부터 안전하게 보호받을 수 있다. 우리나라의 가옥 구조나 좌향(坐向)이 대부분 남향, 남동향인 것은 이러한 북서풍에 효과적으로 대비하기 위한 목적이 있다. 이때 집 뒤쪽의 산은 방풍효과를 극대화시킬 수 있는 것이다.

주택에 고여야 할 생기(生氣)를 빠르고 거센 물길이 쓸어갔다고 보기 때문이다.[23)]

현대 도시의 가상에서는 도로를 강으로 간주한다. 적당한 규모의 길이 있어서 사람들이 왕래하고, 적당한 도로의 골목이 있어서 차량이 오가는 것은 집의 생기에 이롭다고 여긴다.

그러나 주택이 대로변에 인접한 경우에는 사람에게 이로운 기가 융결되기보다 소음과 먼지가 날아들어 결국은 취기(聚氣)를 방해하고, 가족들의 건강을 해친다고 해석하고 있다.[24)]

이 원칙을 어겨 집을 지으면 흉가(凶家)로 본다. 집의 정원이 도로보다 낮은 집을 흉가로 보는 것도 이러한 이유에서이다.

풍수(風水)에서는 도로를 물로 보므로, 침수가 되는 것으로 해석한다.

상식 돌려보기 3

현대의 도시 풍수에서는 높은 건물이 음택풍수의 산(山)을 대신하고, 도로가 강(江)을 대신한다. 중국은 우리나라보다 양택풍수가 발달하여 산과 강에서 뿜어 나오는 기(氣)보다 도시의 고층건물과 도로에서 뿜어져 나오는 기가 더 강력하게 작용한다고 보고 있다. 그런 연유로 가상학이 더 발전하였다.

2. 남향집에 주 건물(主 建物)은 높은 데 위치하여야 하며, 정원과 행랑채는 낮아야 한다

이 원칙은 전저후고(前低後高)를 준용한 것이다.

---

23) 이러한 현상을 가상학에서는 "주택의 취기(聚氣)를 방해한다"고 한다.

24) 풍수지리에서는 산(山)과 물(水), 방위(方位)의 3가지를 음택풍수의 기본요건으로 보고 있다. 풍수지리학은 자연과 인간생활의 조화를 목표로 삼고 있는 학문이다.

우리나라는 동쪽에 낮고, 서쪽이 높아야 택지에 생기(生氣)가 응결되어 가문이 번창하고, 부귀영화를 누린다고 한다. 또한 남쪽이 낮고 북쪽이 높아야 집안에 인재가 나고 영웅호걸이 배출된다고 했다.

만약 그 반대로 남쪽이 높고 북쪽이 낮으며, 동쪽이 높고 서쪽이 낮은 택지에 집을 지을 경우 지기(地氣)가 쇠잔해져서 가산(家産)이 나날이 흩어지고, 가족들이 출세길이 막힌다고 보았다.

특히 북좌남향(北坐南向)인 집, 다시 말해 남향집을 선호하였던 까닭에 남쪽을 앞으로 간주하고, 북쪽을 뒤로 간주하여 전저후고(前低後高)인 집을 길택(吉宅)으로 여겼다.[25] 즉 전방이 낮고, 후방이 높은 집을 길상(吉相)으로 생각했다.

이는 우리나라의 지리적인 특성으로 겨울철이 차가운 북서풍을 가장 효과적으로 대처하기 위해 비롯된 것이다. 남향집은 계절풍을 막아주는 방풍이자 따스한 햇볕을 집안에 끌어들일 수 있는 최적의 방위이자 좌향(坐向)이었던 것이다.

그러나 경사진 토지 뒤쪽을 축대로 쌓고, 남향집을 고집하는 사례가 있으나 경사도가 주위환경에 비해 불안하면, 잠자리도 불안정하게 되는 결과를 초래하게 된다. 또 앞이 낮고, 뒤가 높다 하더라도 경사가 급한 곳도 마찬가지이다.

이러한 주거환경은 공기순환이 순조롭지 못하여 정신적, 육체적으로 허약해진다고 보는 견해가 일반적이다.

따라서 평지에서도 부속건물과 담장이 주 건물을 보호하도록 설계되어야 '선서후고'가 되어 큰 인물이 난다고 한다.

---

25) 전저후고나 북고남저는 주택의 입지 구조상 같은 의미이다. 여기에 서고동저(西高東底)가 더해져서 북서고남동저(北西高南東底)인 택지가 되어야만 훌륭한 조건이 된다고 보았다.

3. 앞이 좁고, 뒤가 넓어야 한다

이 원칙은 전착후관(前窄後寬)의 원칙을 준용한 것이다.

출입하는 곳이 좁으면서 마당(정원)에 들어서면, 건물에 비하여 정원이 넓어 안정감이 감돌아야 한다.

이렇게 되면 집 주위의 공기가 부드러워져 안정감이 생기며, 지기(地氣 : 땅)의 정기가 흩어지지 않는다고 한다.

상식 돌려보기 4 : 남향집을 왜 선호하나?

남향집은 계절풍인 북서풍(北西風)을 막아주는 방풍 역할을 한다. 사계절이 뚜렷한 우리나라에서 따스한 햇볕을 집안에 끌어들일 수 있는 최적의 방위이자 좌향(坐向)인 것이다. 여기에서 분명한 것은 태양의 역할은 따사로운 햇볕이지 직사광선이 아니라는 점이다. 그런 연유로 풍수에서 광택(光宅)이라고 하지 않고 양택(陽宅)이라고 하는 것이다.

강렬하게 작열하는 태양이 곧바로 들이치는 집은 가산(家産)이 흩어지고 가족 간에 불화가 생긴다고 하여 매우 흉하게 여겼다. 만약 남향이 아니라 서향집일 경우 일반적으로 온도가 가장 높은 오후 2시부터 5시 사이에 직사광선을 받게 된다. 이런 주택은 마치 그늘 한 점 없는 한여름의 바닷가 백사장에 벌거벗고 누워 있는 것과 같다. 아마 피부가 새빨갛게 타오르다 못해 치명적인 화상(火傷)을 입게 될 것이다.

사람은 적당한 햇볕을 쬐고 적당한 운동을 하여야만 건강을 유지할 수 있듯이 집안 곳곳에 적당한 햇볕이 들고, 신선한 공기가 유입되어야만 그 속에 사는 사람이 건강한 삶을 유지할 수 있지 않을까?

4. 아파트에도 좌청룡, 우백호가 있다

층이 낮은 상가건물과 저층아파트를 둔 고층아파트, 저층아파트보다 다소 높은 정도의 층에 거주할 때 안정감과 자신감(특히 자녀)을 갖게 된다.

그러나 고층아파트의 저층에 사는 경우 이는 오히려 주작(朱雀)과 좌우의 청룡(青龍), 백호(白虎)에 눌리는 형국이 되고 만다.

일조량도 부족하고, 기(氣)의 순환에 있어서도 이롭지 못한 형국이다.

5. 토지에는 윤기가 있고, 배수가 잘되어야 한다

지질(地質)이 윤기가 있고, 배수(排水)가 잘 되어야 하며, 식재된 나무가 잘 자라는 집이 좋다.

5 집을 지을 때

1. 집터와 형상

조선시대의 실학자였던 이중환(李重煥)은《택리지(擇里志)》에서 사람이 살 만한 땅을 고르기 위한 4가지 조건으로서 ① 지리(地理) ② 생리(生理) ③ 인심(人心) ④ 산수(山水)를 들었다.

그중 지리에 관한 내용에서 "기후가 고르고 햇볕이 잘 드는 넓은 들판이 있어야 좋다. 이런 야세(野勢)를 갖춘 땅에 사는 사람들 가운데에서 인재가 나오고 질병으로 고통을 받는 이도 적다"고 하여 좋은 집의 조건으로서 햇볕을 잘 받는 것을 명시하였다.

또한 홍만선은《산림경제》에서 집터의 조건과 집을 짓기 위한 조건, 집 주변을 열거하면서 "집터 주변의 땅은 기름지고 햇볕이 잘 드는 양명(陽明)한 곳이 좋다"고 강조하였다. 아울러 초목이 잘 자라지 않는 곳, 산줄기의 경사가 심하여 맥(脈)이 응결되기 힘든 곳, 무덤이나 감옥이 있던 자리는 집터로 삼아서는 안 된다고 하였다.

그리고 집을 지을 때는 용(用)자 집을 짓는 것이 좋다고 한다.

일(日)과 월(月)의 합은 명(明)이 아니라 용(用)자로 본다.

집을 지을 때 그 구조를 달월(月)자형이나 날일(日)자형, 또는 길할 길(吉)자형으로 지으면 지세(地勢)가 해와 달같이 융성한다는 속전이 있다.

그런데 이 두 글자를 합친 가장 이상적인 풍수형태는 명(明)이 되어야 하지만 이를 용(用)자로 해석한다. 왜냐하면 명(明)자는 일(日)과 월(月)을 나란히 늘어놓았을 뿐 융합된 것으로 보지 않기 때문이다. 즉 물리적 결합은 의미가 없으며, 환원할 수 없는 화학적 변화이어야만 음과 양이 합쳐지는 것으로 본 것이다.

이런 형태로 대표적인 구조물 중 현존하는 것으론 동구릉이 있다.

조선을 세운 태조의 무덤으로 쓰이기 시작한 뒤 조선시대를 통하여 가족무덤을 이루고 있는 왕릉군이다. 동구릉이란 도성의 동쪽에 있는 9개의 무덤이란 의미로, 무덤이 생길 때마다 동오릉·동칠릉이라 불렀는데 철종 6년(1855)에 수릉이 옮겨진 이후 동구릉으로 굳어졌다.

태조가 죽은 뒤 태종은 서울 가까운 곳에 후손들이 묻힐 좋은 땅을 찾다가 하륜(河崙)에 의해 이곳을 무덤지역으로 정하였다고 한다. 400여 년에 걸쳐 왕릉이 자리 잡았음은 동구릉의 지세가 풍수지리설에 의한 명당임을 나타내 주는 것이라 하겠다.

건원릉

경릉

숭릉

[그림 2] 동구릉

자료 : 문화재청(http://www.cha.go.kr/korea/heritage)

물론 태양이나 달을 의미하는 일(日), 월(月)의 모양, 길하다는 길(吉) 자형 역시 집의 기운이 날로 번창한다고 하여 길상(吉相)으로 보았다. 이밖에도 ㄱ자, ㄴ자, ㅁ자형으로 지어진 주택이 생기를 가져와 좋다고 여기는 편이다.

그러나 집이 지어진 모양이 공(工), 시(尸), 망(亡), 인(因)자형인 경우 그 글자의 뜻대로 매사 불길한 일들이 계속되고 환자가 생기며 가문이 멸문지화를 당할 수 있다고 경계하였다.

왜냐하면 공(工)과 인(因)은 그 모양이 생기(生氣)를 가두어 두는 모양, 생기를 차단하는 형상이어서 흉하고, 시(尸 : 시체)나 망(亡 : 망하다)은 글자 자체의 의미가 불길하여 흉상으로 보았다.

따라서 다음과 같은 택지(宅地)는 가급적 피하여야 한다.

① 주택지로써 최하점을 받는 입지는 평야이다. 이는 산과 강이 멀어 땅기운(지기 : 地氣)이 한 곳에 머물지 못하기 때문이다. 예를 들면 역대 대통령이나 재벌, 지식인 등 사회지도자들이 모두 산아래 마을에서 태어나 그곳에서 유년시절을 보낸 것도 풍수지리학적 기운이 모인 곳이라 그런 것이다.

② 삼각형 모양의 땅은 신경쇠약과 노이로제를 촉발하므로 피하여야 한다.

③ 생기(生氣)가 없는 땅 즉, 예전에 늪 이었던 곳, 쓰레기 매립지였던 곳, 공장이 서 있었던 곳 등은 이들 택지에 탁한 기운과 스며든 악성(惡性)기운이 시간이 경과하면서 택지 전체에 스며들 수 있으므로 가급적 피해야 한다.

④ 이전에 공동묘지 이었거나, 교회 등 종교용지 이었던 곳은 연쇄 추락사고나 투신자살, 정신질환을 불러오는 경향이 있으므로 경계하여야 한다.

⑤ 지하에 수맥이 흐르는 곳 또는 습지 즉 물기가 알맞게 보존되지 않는 땅은 피해야 한다.

⑥ 화재가 났던 곳, 망해 나간 집 용지(用地)는 좋지 않다. 이는 기(氣)가 빠져 나갔으므로 좋은 터가 되지 못하는 것이다. 이 경우 새로운 기(氣)를 불어 넣어주면 융기(隆基)된다.

⑦ 토지 자체가 사토(死土)인 곳

⑧ 재래식 화장실 또는 우물이 있었던 집터는 좋지 않다.

⑨ 풍화가 덜 된 뾰족뾰족한 자갈이 섞여있는 땅은 좋지 않다.

⑩ 먼지가 잘 일어나는 곳이나 비가와도 잘 스며들지 않는 곳 등이다.

2. 주변경관과 어울려야 한다

집의 미관과 가상학적인 길흉을 살펴보고자 할 때에는 사람의 외모나 환경을 살펴보는 것과 같은 이치이다. 따라서 넓은 땅에 홀로 서 있는 집은 별장인 경우라면 몰라도 살아가는 집으로서는 이롭지 못하다. 이런 집은 풍파가 심하고 대인관계가 좋지 않아 인덕(人德)을 입기 어려우며, 기운이 쇠퇴하면서 흉가(凶家)로 전락할 우려가 있다.

집은 전망이 좋고 주변경관과 어울려야 한다.

이것은 집의 앞쪽과 동쪽으로 적절한 여유공간이 있어서 햇볕을 잘 받을 수 있고, 크기나 높이 면에서 주변 집들과 조화를 이루어야 한다는 이야기이다. 따라서 헐벗은 산의 근처에 있는 집, 깎아지른 듯한 절벽이나 언덕이 주변경관으로 있는 집, 높은 언덕 위에 지어진 집이나 별장은 사람의 생기를 해치고, 재물을 흩어지게 한다고 하여 매우 흉하게 여긴다.

이와 같은 이치로 주택주위에 높은 건물이나 나무가 있으면 남향집이라도 햇볕을 가릴 수 있어 기(氣)가 압도당하여 해로운 것이다.

주변경관으로서 집 근처의 산세(山勢)가 주는 영향력은 대단하다. 만약 동쪽으로 산이 있어 집을 가로막고 있는 형국이라면 지기(地氣)의 흐름이 원활하지 못해 생기(生氣)가 모이기 힘들다. 더구나 아침에 떠오르는 활기찬 태양에너지를 받을 수 없으므로 좋지 않은 영향을 미치게 된다.

한편 집 근처에 산 하나가 외롭게 서 있으면 사람이 달랑 혼자 남은 것과 같다고 하여 집안에 독신주의자가 생기고, 결혼을 해도 외롭게 생활하는 이가 생긴다고 한다.

또 산봉우리가 집을 향해 바라보듯이 있지 않고 등을 돌리고 있는 듯한 형국이라면 배신이나 사기를 당하는 일이 많다. 또한 집 근처의 산들이 한쪽으로 몰려 있는 듯한 형세라면 아첨꾼들이 많아지게 된다.

집 주위에 있는 산은 그 위세가 빼어나고 아름다워야 집안에 미모가 출중하고 사회적으로 입신출세할 이가 나온다고 하였다.

그러나 산세가 산란하고 흐트러져 보일 경우엔 가족 중에 방탕한 생활을 일삼는 이가 나와 가문의 명예를 어지럽힌다고 하였다.

3. 막다른 골목집과 집 아래에 냉기(冷氣)가 흐르는 집은 피한다

도로의 막다른 집과 골목 끝에 지어진 집은 예로부터 풍수적으로 대흉상(大凶相)이라고 하였다. 이런 집은 골목(도로)을 빠르게 훑고 지나는 살풍(殺風)을 받아 집안의 재산이 흩어지고, 가족들의 건강이 악화되어 흉가(凶家)로 전락할 수 있다고 경고하고 있다.

특히 도로(골목)의 끝과 대문(현관)이 일직선상으로 연결되는 집에서 거주할 경우 가족들의 성격이 날카로워져 신경질적이 된다고 하였다. 그리고 하는 일마다 방해를 받아 실패를 거듭하고 의욕을 상실하게 된다.

또한 도로와 도로가 교차되는 곳에 지어진 집, 큰길(대로) 옆에 지어진 집은 주변에서 날아드는 각종 소음과 먼지로 집안의 기(氣)가 탁해지고 쇠해져서 가족 간에 의견이 맞지 않고 대인관계에서 마찰이 생기며, 건강에 지장을 받는다고 하여 흉상(凶相)으로 여긴다.

한편 사람이 사는 집은 어디까지나 땅과 가깝게 지기를 받아야 길상이라고 한다. 그런데 어떤 집은 지면은 주차장 등으로 사용하고, 그 위쪽으로 기둥을 세워 사람이 사는 주거공간으로 이용하는 경우도 있다. 이럴 경우 집 아래가 텅 비어 있으면 일단 지기(地氣)를 올바르게 받을 수 없다. 그뿐만 아니라 바닥에 차가운 기운이 넘나들며 냉기(冷氣)를 끌어 모으게 되며, 집안에 허기(虛氣)를 불러들이게 된다.

상식적으로 생각해 보아도 이런 집에 살 경우 건강과 경제적인 면에서 좋을 리가 없다. 아무리 단열이 잘된 현대식 주택이라도 아래가 비어 있으면 바닥의 보온유지가 어려우며, 특히 겨울철엔 춥고, 난방비가 증가할 수밖에 없을 것이다.

불가피하게 이런 집에서 살아야 할 경우라면 특별히 난방과 방열처리에 신경을 써야 할 것이다.

이렇듯 난간 위에 세워진 집은 가상학적으로 흉상이며, 이런 집은 그야말로 '바람 잘 날 없는' 집이라고 해서 재산이 모이기가 바쁘게 나가고, 사업실패나 사기 등으로 재산을 잃을 우려가 있게 된다. 또한 부부 불화와 불륜 등으로 가정이 불행해지는 결과를 초래한다고 해서 꺼리는 형상이다.

[그림 3]

상식 돌려보기 5 : 분수와 어항의 설치는 신중하게

단독주택의 경우 좁은 정원에 연못이 있으면 풍수상으로는 신경계통에 질환이 염려된다. 이는 아파트 등 공동주택에서 설치하는 분수나 어항에도 준용할 수 있다.

물(水)은 오행 가운데 음(陰)에 해당하며, 집안에 있는 양(陽)을 흡수하는 것으로 본다. 그리하여 집안에 있는 생기를 흡수하여 실내에 있는 양기를 저하시키는 것으로 본다. 예를 들어 로스구이를 할 때 밑에 물을 넣은 철판구이를 사용하면 연기가 위로 올라가지 않고 밑으로 내려가는 현상과 같다.

그러나 분수시설이나 어항을 설치하더라도 물을 항상 뿜어주거나 흐르게 해주면, 즉 물이 흐르고 있을 때에는 음(陰)으로 보지 않고, 양(陽)으로 보기 때문에 집안 습도를 조절하는 등 좋은 환경을 유지할 수 있다.

물은 흐르지 않으면 썩기 마련이다. 위생에 어떤 영향을 미칠 것인가에 대해서는 각자의 생각에 맡겨두기로 한다.

가상학에서는 수족관을 설치하면 금전운은 대체로 좋아지지만 교재운은 저하되거나 나빠지기 때문에 조심하라고 한다. 그래도 수족관을 설치하고 싶다면 남쪽이나 남동쪽이 좋다.

산에서 내려오는 부드러운 바람을 머금고
맑고 밝은 물이 흐르는 곳,
그곳에 우리의 모듬을 마련했습니다

하늘과 땅이 베푼
자연을 거스르지 않으며
인류를 위해 일구어 논
아름다운 자연에서
생생한 기운을 듬뿍 받는
여러분이 되시길 기원합니다

제 II 부

기능으로 본 가상

1 현관(대문)

현관은 집의 얼굴이자 기(氣)의 자연스런 흐름을 받아들이는 관문이다. 예로부터 현관에 신발을 가지런히 놓아야 도둑이 안 든다는 말이 있듯이 현관은 늘 청결하고 밝아야 한다. 즉 현관을 지저분한 채 놔두는 것은 좋지 않은 것이다.

현관(대문)은 기의 원활한 흐름을 최초로 관장하는 곳이다. 따라서 대문(현관) 주변을 깨끗이 하는 데 시간을 아끼지 말아야 한다.

그리고 현관에 대해서 이야기할 때 단독주택인 경우 대문의 방위에 유의하여야 한다[26].

(1) 현관은 밝고, 기의 흐름이 좋아야 한다

현관은 우선 밝고, 실내 쪽으로 전개되는 방향이 트여야 기(氣)의 흐름에 좋다. 어둠침침한 상태라면 밝고 온화한 느낌의 조명을 하도록 한다. 특히 어둡고, 바람이 잘 통하지 않거나 더러운 신발, 매트 등이 있으면 나쁜 기운이 증폭될 수 있으므로 조심하여야 한다.

(2) 현관의 정면을 가리는 것은 바람직하지 않다

현관에 공간의 여유가 없다고 해서 들어오자마자 신발장이나 벽, 이중문 등으로 정면을 가리는 것은 바람직하지 않다.

(3) 현관의 신발은 가지런히 놓아야 한다

현관에 여러 켤레의 신발을 늘어놓는 것은 좋지 않다. 신발은 가지런히

26) 대문이 막다른 골목은 도적이 들기 쉽고, 건강에도 나쁘다.

놓아야 한다. 이렇게 함으로써 출입문에 들어오는 기(氣)가 탁해지지 않는다.

또한 신발을 신발장 안에 반드시 수납하는 것이 중요하다. 귀가 후 신발을 아무렇게나 벗어 버리지 말고, 꼭 신발장 안에 신발의 앞부분이 앞쪽으로 보이도록 가지런히 정돈하는 습관을 들이도록 하자.

여성의 경우 신발이 노출되어 있으면 애정운이 떨어지게 된다. 신발장 안에 수납공간의 여유가 없으면 상자에 넣어두도록 한다. 그리고 가장(家長 : 남편)이 그린 그림이 있거나 직접 만든 장식품이 있다면 이것으로 꾸미고 장식하고, 가장이 멀리 출장을 갔어도 현관에 가장의 신발을 놔두도록 한다.

(4) 청소할 때에는 물걸레로 한 후, 마무리는 마른 면걸레로 한다

청소할 때에는 바닥은 먼지가 일어나거나 물기가 번지지 않도록 비로 쓸어낼 것이 아니라 물걸레로 깨끗이 닦는 것이 바람직하다. 현관 입구 타일에 물을 뿌려 깨끗이 청소하는 것은 가장(家長)의 출세를 원하는 마음가짐과 통한다고 하는 방법으로 알려져 왔다.

그리고 마무리는 마른 면걸레로 닦아 청결함을 잃지 않도록 하여야 한다.

특히 주의하여야 할 것은 남쪽 방위에 자리 잡은 현관일 경우 남쪽 방위가 오행(五行)의 화(火)에 해당하므로 물기(水)와는 상극되는 기운이 형성된다. 그러므로 남쪽에 위치한 현관 바닥에 물걸레질을 할 때에는 물기를 남기지 않도록 신경을 써야 한다.

(5) 현관이 방문을 마주보고 있으면 좋지 않다

현관이 방문을 마주보고 있으면 좋지 않다. 이럴 경우 현관에 중문을 달아 집밖에서 오는 기(氣)를 일단 차단하는 방법을 생각해 볼 필요가 있다.

그리고 공간에 여유가 없어 구조를 바꾸기 어려운 경우 신발장 위에 난(蘭)을 올려놓거나, 벽에 밝은 느낌의 정물화 또는 풍경화를 걸어 두도록 한다.

그림을 걸 공간이 마땅치 않으면 관엽수를 놓아두는 것도 기(氣)를 순조롭게 하는 좋은 방법이다.

(6) 현관에 시계, 우산꽂이, 골프가방 등 소품을 가급적이면 두지 말자

현관에 시계를 걸어두면 가족이 스트레스를 받게 되므로 가급적 피하는 것이 좋다.

또 현관에 우산이나 우산꽂이, 골프가방 등을 두면 기(氣)가 산만해진다. 특히 비닐우산은 직업운을 저하시키므로 보이지 않게 잘 정리해 두어야 한다. 그리고 레저용구 같은 것을 현관에 두는 것은 금물이다.

이러한 것이 불가피할 경우 신발장 수납장이 충분하다면 집어넣도록 한다.

(7) 현관과 마주하는 대형거울은 설치하지 말자

현관과 마주보는 대형거울은 바람직하지 않다. 그리고 현관에 들어서자마자 전신이 보이는 거울을 두면 배우자(配偶者)가 바람을 피운다는 속설(俗說)이 있다. 멋 부리는 데 관심을 갖고 제 할 일을 태만히 할까 하는 염려에서 나온 말이겠지만 기의 흐름을 고려할 때 참고할 가치가 있다.

특히 아파트 입지조건상 현관이 집의 중심으로부터 북동쪽에 해당하는 간 방위(艮方位 : 8방위 중의 하나)인 북동쪽에 대형거울이 있으면 더욱 좋지 않다고 한다.

한편 현관에 거울을 달 때 테두리가 없는 것이 바람직하며, 지나치게 큰 것은 좋은 것이 아니다. 특히 장식이 지나치게 화려한 거울은 아예 떼어내는 것이 좋을 성싶다. 이러한 거울을 떼어내기가 곤란할 경우 화병이나 화분으로 탁한 기운을 해소하는 방법을 생각해 보자.

(8) 그림과 액자 등을 달아야 할 경우에 고려하여야 할 내용

거실이든 현관이든 인물화나 추상화는 좋은 기운을 얻을 수 없으므로 피하는 것이 좋다.

그러나 어느 방향, 어느 위치이든 무난하고 행운의 힘을 부르는 것이 꽃그림이다.

또 가족사진 역시 풍수, 가상학 입장에서 볼 때 좋은 아이템인데, 특히 현관에서 바라보이는 곳에 걸어두는 것이 좋다.

(9) 음양의 조화를 이루도록 하자

사각형은 음(陰), 둥근형은 양(陽)의 기운을 의미한다. 따라서 음양의 조화를 이루려면, 신발장과 중문의 윗부분을 아치 형태의 윤곽으로 처리, 음양의 조화를 이끌어 낼 수 있도록 한다.

아울러 맑은 소리가 나는 종(鐘)이나 풍경(風磬)을 달아 심심찮게 소리가 나게 하는 방법도 좋은 방법이다. 이는 가장(家長)의 출세, 성공을 부추기는 방법이기도 하다.

특히 아침 햇살이 많이 들어오지 않는 구조의 현관이라면 종이나 풍경을 달아 기의 흐름을 원활하게 해주도록 하자. 그리고 아침 햇살 대신 조명을 밝게 해두는 것도 하나의 방법이다.

정면이 답답하게 막힌 현관은 현관 사우(四友 : ① 조명 ② 화분 ③ 그림 ④ 풍경)를 갖추어 기의 순환에 도움이 되도록 한다.[27]

---

27) 참고로 문방사우는 ① 종이(紙) ② 붓(筆) ③ 먹(墨) ④ 벼루이며. 문방사보(文房四寶)라고도 한다. 이는 서방(書房)이나 서재에 없어서는 안 되는 4가지 기구를 의인화하여 사용한 의미이다. 이를 현대적 의미로 저자(著者)가 재해석하면 ①종이 ②도서(책) ③ 연필 또는 펜 ④컴퓨터(노트북) 등이 문방사우가 아닌가 한다.

(10) 현관의 색상은 흙의 기운을 담은 황토색이 좋다

현관의 색상은 흙의 기운을 담고 있는 황토색으로 또는 밝은 색 계통이 좋다.

일반적으로 현관에서의 황색과 노란색 계통은 금전운(金錢運)을, 분홍색은 결혼 및 애정운(愛情運), 흰색은 대인관계를 의미하는 색상으로 보고 있음을 참고해 볼 필요가 있을 것이다.

(11) 현관의 우측 대각선상 지점에 화장실 등이 있을 경우 방편

실내를 향하여 우측 대각선상에 위치한 지점에 화장실이나 창고 등이 있으면 바람직하지 않다. 이럴 경우 조명을 설치하여 탁한 기운을 완화시키도록 하여야 한다.

(12) 고급스러운 매트는 자제하는 것이 좋다

고급스러운 매트는 애정 운을 나쁘게 한다. 즉 집의 품격에 맞지 않는 고급스러운 매트를 현관에 깔면, 집안 전체의 기운을 흐리게 할 뿐만 아니라 소중한 애정 운을 빼앗아 갈 수 있다는 것이다.

또 화려한 무늬를 깔아두면 이별이나 갈등이 생길 수 있으므로 주의를 기울여야 한다.

따라서 매트는 집의 품격에 어울리는 장식이 바람직하다.

2 안방(침실)

안방(침실)은 기(氣)의 생성을 일구는 집의 중심이라는 점에서 균형감이 중시되는 곳이다. "침실에서 역사가 이뤄진다"는 말은 단지 섹스와 관련된 말은 아니기 때문이다. 즉 침실은 부부관계뿐만 아니라 가정의 재물에 관한 운까지 관여하는 공간이기 때문이다. 따라서 안방(침실)은 우리 모두에게 필요한 생명에너지가 모이고, 나누어지는 공간이라 할 수 있다.

주변에서 알고 지내던 지인 중 한 사람이 자녀를 위해 부부는 작은 방에서 생활하며, 안방을 자녀에게 내준 경우가 있었는데 이는 사려 깊은 결정이라고 볼 수 없다. 왜냐하면 가장 넓고 안정된 공간을 자녀에게 할애한다는 취지는 좋을지 모르지만 오히려 학업을 하며 성장하는 자녀의 입장에서 보면 도움이 된다기보다 부담으로 와 각종 스트레스와 장애요인으로 작용될 수 있기 때문이다.

특히 넓은 방 또는 안방을 자녀가 사용하게 될 경우 오히려 자녀가 폐쇄적인 성향을 나타낼 수가 있다. 외로움을 타기도 하고, 새로운 일에 겁을 먹고, 대인관계에서도 불편한 일이 잦아든다. 그럼에도 불구하고 불가피하게 넓은 방을 자녀 방으로 사용하게 될 경우 침대를 중앙에 배치하여 방의 중심에서 수면을 취할 수 있도록 하는 배려가 필요하다.

기(氣)의 강도(强度)는 성장과정에 따라 적합한 강도가 바람직하다는 점을 유념할 필요가 있다.

여기에서는 가구배치, 침대위치, 벽지색상 등은 물론 침실의 조명, 일조량, 침대의 모양이나 이불, 요의 색상 등이 체질이나 성격상 맞지 않으면 곤란한 일이 발생할 수 있다는 점을 착안해 안방(침실)에서 맑은 기를 호흡할 수 있는 방법에 대해서 살펴보기로 한다.

1. 침 대

(1) 침대의 위치는 방문에서 대각선에 두도록 한다

문을 열고 들어갔을 때 침대가 약간 비켜 있는 것이 좋다는 말이다. 즉 침대에서 문을 대각선으로 보는 형태라 할 수 있다.

(2) 침대는 침실 벽면에 가능한 한 여백의 미를 살리는 것이 좋다

벽에 가까이 붙어 있지 않도록 한다. 이는 탁한 기운이 벽 쪽에 모여 있는데 침대가 벽 쪽에 붙어 있으면 탁한 공기를 마실 수 있기 때문이다. 따라서 침대는 벽으로부터 최소한 20～30cm 정도 떨어지게 배치하도록 한다.

그리고 가능하다면 침실 창문을 중심으로 중앙에 침대를 두고 오른쪽이나 왼쪽에 작은 탁자(협탁)를 두어 화분이나 조명을 놓음으로써 침실의 기(氣)가 균형감과 안정감을 유지할 수 있도록 하는 것이 최상이다.

(3) 발치에 놓인 거울은 사람의 기를 다치게 할 우려가 있다

침실에 거울을 배치할 경우 침대머리나 침대 끝보다는 옆면에 두는 것이 무난하다. 발치에 두고 싶은 것이 있다면 스냅사진이나 시계 등은 가능하다. 특히 거울을 전면에 설치하는 것은 기를 다치게 하므로 삼가는 것이 좋다. 그리고 거울은 장롱 전체의 1/3을 넘지 않도록 하여야 한다.

(4) 전자제품 등은 머리맡에 두지 않도록 한다

전자제품은 가급적이면 침실에 두지 않는 것이 좋다.

전자제품을 침실에 두면 기의 흐름을 방해하기 때문에 숙면을 취하기 어렵게 된다. 즉 기의 흐름을 방해하여 수면 중 생체리듬 즉, 호흡기 질환, 두통, 불면증을 유발할 수 있기 때문이다.

수면을 잘 취하고 싶다면 청색 계열의 도자기나 머그컵(최소한 방편)을 머리에 두도록 한다. 이때 베개 커버도 청색 커버를 하면 더욱 좋을 것이다.

(5) 침대머리는 동쪽이나 남쪽을 향하도록 배치하는 것이 이상적이다

침대머리는 체질, 연령, 남녀 간의 생체 리듬에 따라 차이가 있어 방위가 다를 수도 있다. 아울러 방문의 위치, 수맥(水脈)[28] 여부 등 주변여건에 따라 다르게 적용할 수 있다. 예를 들어 침대머리는 가능한 한 침실문을 바라보며 수면을 취할 수 있도록 하는 것이 바람직하다.

그리고 머리를 두고 자는 방향은 가급적이면 남향 또는 동향이 이상적이며 이중에서 창문 쪽이면 최상이라고 할 수 있다.

그러나 불가피한 경우 창문과 나란히 침대를 놓는 경우도 있는데, 이때에는 창문 쪽 벽과 침대 사이에 공간을 마련해 두는 것이 좋다. 이 공간에는 작은 테이블이나 의자 등을 놓아도 무방하다. 그리고 동향 또는 남향이 좋다고 하여 무조건 이 두 방향으로 머리를 두거나 출입문을 향해 머리를 둘 경우 건강이나 진로에 문제가 생길 수가 있다.

(6) 침대머리(헤드)는 지나치게 굴곡지게 하지 않도록 한다

침대머리를 지나치게 굴곡지게 하면 삶을 굴곡지게 하기 때문에 좋지 않다. 침대머리가 복잡하게 꺾이고, 구불거리는 것은 삶을 격렬하고 굴곡

---

28) 수맥(水脈) 때문에 중병을 앓거나 경우에 따라서는 생명을 잃기도 한다. 이는 전자파가 인체에 해로운 것처럼 지하 수맥에서 발생하는 파장도 인체에 영향을 준다는 것을 의미한다. 일반적으로 인간의 뇌파는 잠을 잘 때 4~7헤르츠를 유지한다고 한다. 그리고 피로회복과 건강증진을 위해 숙면에 적당한 파장은 4헤르츠라고 한다. 그러나 수맥파의 자극 때문에 뇌파가 영향을 받으면 안정을 잃게 되어 생체리듬이 파괴되고, 결국 건강을 잃게 된다는 것이다. 또한 수맥파는 정도나 범위에 따라 다르지만 응용 가능한 기운이라고도 한다. 따라서 수맥을 무조건 피한다기보다 적절히 대응한다면 매우 유익한 기운으로 활용할 수 있는 지기(地氣)의 하나이다.

지게 만들 수 있으므로 가급적이면 피하는 것이 좋다. 젊은이들에게는 둥근 산 모양의 완만한 곡선이 좋다.

2. 색상과 장식

색상과 장식은 부드럽고, 무난하게 하여야 한다. 벽지, 벽장식, 커튼, 침대커버, 베개 등의 색상과 장식은 부드럽고 무난하게 하여야 한다.

화합과 사랑을 이끄는 대표적인 색상은 장판색, 즉 밝은 흙의 기운이 도는 색이 좋다. 그러나 방 전체를 황색 계통으로 꾸미라는 것은 아니다.

벽의 장식은 적당한 크기의 원형 또는 부드러운 디자인의 시계나 풍경화 한 점 정도가 무난하다. 그리고 공간이 좁은 경우에는 시계, 달력(월력) 등도 탁상용으로 가능할 것이다.

한편 지나친 장식이나 액세서리는 피하는 것이 좋다. 해외여행 중 구입한 장식품, 조형물 등은 주위와 어울리지 않는 기운으로 인해 오히려 부작용이 있을 수 있다. 따라서 이러한 소품 등은 서재나 거실로 옮기는 것도 하나의 방법이다.

물론 한 쌍으로 구성되어 있는 장식품이 있다면 이들 물건 중 하나만 갖고 있는 것도 좋지 않다. 한 쌍으로 이루고 있던 물건의 어느 한쪽을 잃어버렸다면 나머지 하나는 보관하지 말자. 즉 나머지도 처분하는 것이 좋다.

그리고 침실에서의 그림은 인물화, 추상화보다는 정물화가 바람직하며 가능하다면 동향 또는 서향 벽면에 건다.

침대 사이드 탁자(협탁)에 혼자 찍은 사진이 있다면 다른 곳으로 치운다. 차가운 패브릭은 사랑을 식게 한다. 검은색이나 회색으로 그려진 그림이나 설원(雪原)사진 등은 사랑의 열기를 식히므로 걸지 않는 것이 좋다. 즉 차가운 색상의 패브릭 제품으로 침실을 꾸미는 것은 피하도록 한다.

침실(안방)에서의 벽지와 커튼 색은 검정계통의 색상은 피하여야 한다.

그리고 수면 중에 커튼을 열어 놓으면 애정운이 달아나 버리기 때문에 반드시 닫도록 한다. 특히 침실(안방)은 레이스와 직물로 된 이중커튼이 이상적이다. 가능한 한 베이지색이나 흰색이 무난하나 결혼운에는 어두운 꽃무늬, 행운의 사람을 만나고자 한다면 기하학 모양의 커튼도 무난하다. 그러나 사선 스트라이프 무늬는 건강에 나쁜 영향을 미칠 수 있어 피하는 것이 좋다.

한편 커튼의 색상으로는 창문이 동향이면 따뜻한 색상, 서향이면 베이지색이나 연녹색 계통, 남향이면 녹색 계통, 북향이면 분홍색이나 회색이 무난하다.

침대커버의 색상은 동향 침실의 경우 녹색(초록), 서향 침실은 진녹색, 남향 침실은 연한 적갈색(분홍), 북향 침실은 흰색이나 베이지색이 대체로 무난하다.

또 커튼의 무늬가 없으면 커버는 무늬가 있는 것으로, 커튼이 무늬가 있으면 커버는 무늬가 없는 것으로 하여 음양의 조화(陰陽調和)가 이뤄지도록 하는 것도 방법이다[29]. 재물운(財物運)이 떨어진다 싶으면 광택이 있는 직물을 사용해 볼 것을 권유하고 싶다.

베개는 검은색이나 단색을 피하고 흰색, 어두운 꽃무늬 등이 무난하고, 금전운(金錢運)을 목적으로 한다면 노란색이나 연녹색으로 한다. 수면장애를 갖고 있다면 앞서 밝혔듯이 청색 계통의 커버를 사용하는 것도 하나의 방법이다.

베개를 수건 등으로 감싸는 경우가 있으나 이는 운(運)이 달아나게 하는 결과를 초래한다.

참고로 안방(침실)이 남동향일 경우 정열적인 기운이 넘치는 방위이다. 따라서 나이 든 부부에게는 오히려 해(害)가 될 수 있으니 도발적인 분위기의 침실분위기보다 안정적이고 차분한 분위기로 가꾸도록 노력을 하여야 한다.

---

29) 침대커버와 커튼은 한쪽에 무늬가 있으면, 다른 하나는 무늬가 없는 단순한 것으로 하여야 한다는 의미는 음양의 조화를 이뤄 내기 위함이다. 그런 연유로 침대커버와 커튼 모두가 함께 화려한 것도 바람직하지 않다.

3. 외출복 정리

외출복은 옷장 등 수납공간에 수납하는 습관을 갖는 것이 바람직하다.

어른이건 아이이건 밖에서 지낸 옷은 먼지를 털어 옷장에 넣어 두는 습관을 가져야 한다. 이는 외부의 탁한 공기가 집안에서 가족에게 영향을 주지 않도록 배려함이다. 따라서 침실에 행어나 옷걸이를 두고 외출복을 걸어두는 것은 바람직한 방법이라 할 수 없다.

그리고 가구 위에는 짐을 올려놓지 않는 것이 좋다. 장롱 위에 박스와 물건, 손님접대용 탁자(상) 등을 올려놓는 경우가 많은데 가급적이면 치우는 것이 좋다.

4. 조명은 풍수 상 태양(太陽) 역할

조명은 동양의 사상에서 태양의 역할을 수행하는 것으로 해석한다. 따라서 침실의 밝기가 지나치게 밝거나, 통풍이 되지 않으면 좋지 않다. 특히 아침 햇살마저 차단된 밀폐된 침실은 좋지 않다.

가상학에 따르면 침실은 어두워야 운(運)이 좋고, 재물이 쌓인다고 한다. 때문에 너무 큰 창문이 있어 지나치게 밝으면 커튼 등 차폐시설을 이용, 빛을 적당히 차단하여야 한다. 왜냐하면 실내의 밝기가 재물과 건강에 영향을 미치는 요소로 작용하기 때문이다.

(1) 침실의 조명

침실의 조명은 부드러운 조명을 연상하는데, 우리 한국의 문화에서는 침실이 안방의 기능까지 하고 있다는 점을 인식하여야 한다.

그리고 아파트는 대체적으로 사각 일색이다. 침실 또는 거실 조명은 이러한 아파트의 획일화된 구조를 감안할 때, 둥근 형태의 밝은 조명이 무난하다.

(2) 침실 안에 화장실이 있다면 침대를 일직선상에 두지 말아야 한다

침실 안에 화장실이 있다면 일직선상에 침대를 두지 말고 비켜서 배치하여야 한다. 이는 화장실의 습기, 냉기가 있기 때문이다. 이를 최소화하기 위해서라면 화장실 안에 선인장을 두거나 화병에 꽃을 꽂아 두도록 한다.

특히 화장실 방향으로 머리를 두지 말아야 한다. 화장실의 음습한 기운이 사랑의 감정을 더욱 퇴색시킬 수 있다.

(3) 침실에서의 화초는 활용 여부에 따라 길흉(吉凶)이 교차한다

침실에서는 가장(家長)의 키보다 작고, 잎이 많은 화분이나 스탠드를 함께 두면 상승효과를 얻을 수 있다.

그러나 꽃이 만개한 화분을 침실에 두면 얻는 것보다 잃는 것이 많을 수 있다. 즉 침실에는 꽃을 두지 않는 것이 기본이라 할 수 있다. 왜냐하면 꽃이 개화과정에서부터 만발하기까지는 반경 1m 내외의 기를 흡수한다고 하기 때문이다. 이런 연유로 꽃이 핀 화분은 침실에서 부적합한 것이다.

침실 출입문 부근과 창가에는 꽃이 피지 않은 싱싱한 난(蘭) 종류의 화초를 둔다면 침실의 기운을 활력 있게 하는 데 도움이 된다.

특히 부부 사이가 멀어졌다면 초록식물을 발치에 두는 것도 하나의 방법이다. 또 '변함없는 지속성'의 둥근 탁상시계도 애정을 불러들이는 좋은 구상이다.

참고로 우리의 선조들은 신혼기간 중 침실에 석류열매를 두었다는 점도 참고할 만하다. 이는 침실에 석류를 둠으로써 아이를 임신하게 된다는 믿음이 있었기 때문이다. 아이를 갖고자 원한다면 석류열매를 침실에 두자. 석류열매와 오렌지색의 꽃을 장식하는 것도 비슷한 효과를 낸다는 의미가 있다는 점도 기억해 두자.

상식 돌려보기 6 : 침실에서의 부부 잠자리

침실 출입문에서 바라볼 때 침실의 가장 안쪽에 해당하는 지점에 남자가 자고, 여자는 바깥쪽에서 자는 것이 침실의 기운을 올바르게 흐르게 하는 기본이다.

침실은 생기(生氣)의 공급처인데, 침실 문에서 대각선상의 제일 안쪽 지점에서 생기가 가장 왕성하게 샘솟는 곳이기 때문이다. 그러므로 침실 안쪽은 남편이, 바깥쪽은 아내가 사용하는 것이 좋다.

만약 위치가 바뀔 경우 부부 사이에 불화가 생기거나 남자의 사회활동에 장애가 생길 가능성이 있다.

가장 생기가 왕성한 장소에서 남자가 자야 한다는 것이 낡은 가부장적 구습(家父長的 舊習)이라고 생각할 수 있는 사람이 있겠지만, 대부분 힘들게 바깥일을 하는 남자에게 힘을 몰아주어야 한다는 생각에 동의를 한다면 이해가 될 것이다.

3 부엌 : 불을 지피는 곳(화/火 → 목/木)

모든 기운이 생성하는 동쪽이나 남동쪽이 최상의 방위이다.

과거에는 우리의 부엌이 방이나, 거실, 대문, 안방 등과 완벽하게 분리된 공간으로 여성만의 고유한 공간이었다.

그러나 아파트 등 공동주택이라는 주거공간이 일체형으로 전환되면서 가족 공동의 공간이 되었다. 그렇지만 부엌이라는 공간은 역시 대부분 여성, 주부의 공간임에는 틀림이 없을 것이다.

따라서 가족들이 사용하는 식기(食器)는 가능한 한 주방 가구 안으로 수납해 보관하여야 한다. 부엌에서 사용하는 식칼을 아무렇게나 놓으면 가족들이 자주 다쳐 마음고생이 심하거나, 이로 인해 돈이 모이지 않아 고민하게 된다. 특히 주방용 칼이나 날카로운 느낌의 기구들은 보기에도 안 좋고, 자녀의 심성에도 바람직하지 않은 기(氣)를 발산하므로 반드시 수납하도록 한다.

1. 방위 : 집의 중심으로부터 동쪽이나 남동쪽이 좋다

동쪽이나 남동쪽은 양기(陽氣)의 영향력이 크고, 신선한 기운(氣)이 흐르는 길한 방위로 보고 있다. 즉 동쪽은 아침에 해가 뜨는 곳, 모든 기운이 생성되기 시작하는 곳으로 보았던 것이다.

남동쪽 역시 생기(生氣)와 진취적 기운을 받아 가족에게 건강한 음식을 제공하는 것으로 보았다.

오행(五行)의 섭리로 보았을 때 동쪽과 남동쪽은 나무(木)의 기운에 해당한다. 그러므로 부엌은 불(火)의 기운이므로 상생(相生)의 관계를 갖고 있다.

부엌이 대부분 실내에 들어온 현대 생활에서는 북쪽 방위도 무난하다. 특히 공동주택의 특성상 부엌은 거실의 반대편 즉, 북쪽에 위치하는 경우가 많은 것이 현실이다. 이러한 북향은 방위상 차가움과 어두움을 상징한다. 오븐이나 가스레인지와 같은 열을 상징하는 물건들이 북쪽에 배치되어 있으면 다행이나 그것만으로는 부족하므로 북향의 찬 기운을 막기 위해서 창의 크기를 작게 하는 것이 기본이다.

그러나 서쪽인 경우 그곳에서 많은 시간을 보내야 하는 주부에겐 좋지 않아, 잔병을 호소하는 경우가 자주 발생한다.

특히 서향은 금기(金氣)가 충만한 방위여서 음기(陰氣)가 쇠하고, 양기(陽氣)가 지나치게 성하는 특성을 가지고 있다. 따라서 구조 자체를 개조하기 어렵다면 부엌의 가전제품을 동쪽이나 북쪽에 치우치도록 배치하여 기(氣)를 어느 정도 쇠하게 할 필요가 있다.

2. 식 탁

식탁은 사각보다 둥근 탁자가 음양의 조화라는 측면에서 바람직하다. 그러나 원형 탁자는 진취적인 사고력이 요구되는 젊은 부부에게는 좋지 않다.

가상학에서 원형은 현재 상태를 만족하는 의미를 가지기 때문에 젊은 사람에게는 바람직하지 않다는 의미이다.

탁자는 모나지 않은 사각형이 좋으며 소재는 나무로 된 것으로 한다.

천을 씌우거나 유리를 얹는 것보다는 나무판이 그대로 보이도록 한다.

공간이 넓든 좁든 식탁은 가능한 한 벽에 고정시키지 않는 것이 좋다. 왜냐하면 벽이 기의 흐름을 가로막기 때문이다.

공간이 좁아 불가피하게 벽에 붙이지 않고서는 식탁을 놓을 수 없는 경우라면 차라리 상(床)을 펴고 식사를 하는 것이 낫다.

3. 조 명

부엌조명은 청결하고 밝은 느낌이 드는 색상으로 하는 것이 좋다. 즉 식탁 위의 조명기구는 단조롭고 심플하면서 고급스러운 것이면 최상이다.

물론 식탁 조명이 부부만을 위한 경우라면 다소 어두우며 은은한 분위기도 무방하나, 자녀들과 함께 하는 시간이 많다면 밝고 편안한 조명이 좋다.

4. 색 상

색상은 밝은 황색이나 연한 베이지색이 좋다.

그러나 좋은 기(氣)를 불러들인다 해도 집안 전체가 단일 색상으로만 뒤덮여 있다면 오히려 기(氣)의 불균형을 초래한다. 예를 들면 주방가구는 강한 느낌의 원색보다 나무색이나 밝고 연한 벽돌색, 청결한 색상 계열인 연한 베이지색이 무난하다. 싱크대는 자연스러운 원목 톤이 가장 좋으며 연분홍, 연녹색, 흰색 계통 등 은은한 색상의 나뭇결이 있는 것이 좋다.

그렇지만 주방 벽면이 원목으로 되어 있을 경우 원목 싱크대는 가급적이면 피하는 것이 좋다.

이런 의미에서 냉장고 옆에 키 작은 화분을 두는 것도 부분적으로 초록의 색감을 더하면서 맑은 기를 생성한다는 점에서 좋다. 여기에서 초록의 색감을 강조하는 의미는 돈(재정)이 자꾸 빠져나가거나, 강한 유혹의 충동이 자주 일어날 때 초록의 소품으로 처방을 하고자 함에 있다.

서쪽의 창문은 분홍 또는 연녹색의 블라인드나 커튼으로 장식하고, 석양의 시들어가는 기(氣)를 막기 위해 청록색 화분이나 장식품을 부엌의 동쪽에 배치하는 것은 하나의 방편으로 채택할 수 있다.

특히 전자제품이 많은 공간에는 화분이 최적의 소품이 된다.

5. 전자제품

전자제품은 방향을 고려하되 설치장소를 배려하여야 한다.

① 가스레인지 : 귀퉁이(모서리)에 가급적이면 두지 않는다. 방위로는 동쪽, 이는 불의 기운이 흐르는 데 장애가 생겨 음식의 질(質)을 저하시키고, 재정이 나빠짐을 방지하기 위함이다.
② 전자레인지 : 창문과 가까이 두도록 한다. 방위로는 북쪽이다.
③ 냉장고 : 아이들의 방문과 일직선이 되지 않도록 배치하며, 안에 너무 많은 음식이 쌓이지 않도록 한다. 방위로는 동쪽이다. 특히 정남향에 배치하는 것은 금물이다.

이 경우 가스레인지, 전자레인지, 냉장고 등이 한데 어울려 동쪽을 막고 있거나, 부엌 창을 가리지 않도록 한다.

그리고 전자레인지, 냉장고 등은 많은 양의 열량을 발생하는 기기이기 때문에 방위보다 설치장소에 보다 많은 신경을 써야 한다. 예를 들면 환기가 잘되는 창문 근처, 주변에 작은 화분 한두 개를 놓아 둘 수 있는 공간적 여유가 있는 곳 등이다.

그러나 동쪽 방위에 둘 만한 공간이 있다면 가스레인지, 냉장고, 쌀통 등을 두면 좋은 방향이다. 이는 동쪽의 생기가 음식에 스며들 수 있기 때문이다.

그리고 세척기나 수도를 사용하는 공간은 서쪽에 두도록 한다.

아울러 부엌 가전제품은 겹쳐 놓아서는 안 된다. 그럼에도 불구하고 공간이 좁아서 불가피하다면 두꺼운 판을 중간에 두어야 한다. 실례로 키 작은 냉장고 위에 전자레인지를 올려놓았다고 생각해 보자. 물과 불의 반발로 끊임없이 분쟁이 일어나는 모습이 아니겠는가?

6. 복층인 경우 부엌 위에 방을 두는 것은 피한다

복층(復層)인 경우 부엌 위에 방을 두는 것은 피하여야 한다. 그리고 부엌의 천장은 단순할수록 좋다.

7. 매트의 색상

충동구매를 잘하고 큰돈을 자주 빌리는 사람은 부엌이 기름때로 끈적이거나 더러운 그릇을 그대로 방치하는 경우가 많을 것이다. 이는 금전운이 가스레인지에 타 버리고, 싱크대로 흘러내려가 버리는 형국이라고 한다. 이때에 싱크대 주변 매트를 초록색으로 깔면 재물운과 가장(家長)의 성공을 기약할 수 있다. 초록 매트가 마음에 들지 않는다면 벽돌색도 무난하다.

8. 부엌과 거실로 이용되는 공간은 적절하게 구분하는 것도 좋다

부엌과 거실로 이용되는 공간은 적절한 구분을 두는 것이 바람직하다.

그렇다고 거실과 부엌을 구분하기 위해 격자 칸막이 등을 설치한다면 기의 원활한 흐름에 오히려 지장을 줄 수 있다는 점도 고려하여야 한다.

이상과 같이 실내공간의 변화를 추구하는 이유는 이러한 변화를 통하여 편한 마음, 편한 기분이 들도록 하는 데 있다. 편한 마음이야말로 성공의 지름길이기 때문이다. 왜냐하면 이는 병원에서 예방주사를 맞는 것과 같은 이치인 것이다.

4 거 실

거실은 가족의 기가 모이는 곳이다. 즉 가족이 함께 모여 가족 구성원들이 서로를 확인하고, 이런 저런 이야기를 나누는 곳이다. 따라서 거실에 기가 트이게 하는 것은 가족의 화목과 조화는 물론이고, 가족 구성원들의 인생 중대사(경제, 성공, 자녀 등)를 결정하는 데 중요한 역할을 하는 곳이다.

거실은 현관을 통해 들어온 바깥의 기와 안에 있는 기가 조화를 이루도록 하여야 한다.

1. TV와 홈시어터 등 가전제품은 동쪽이나 남쪽에 배치한다

TV와 홈시어터 등 가전제품은 기(氣)를 증폭시키는 역할을 한다.

그렇다면 이들 가전제품을 북쪽 또는 서쪽에 배치하면 어떨까?

이는 살아있는 생명체를 북쪽 또는 서쪽에 둔 것과 마찬가지이다. 따라서 생체리듬을 저하시킬 수 있다. 그 결과 휴식을 취하여도 늘 피곤하고 집중력도 떨어지는 경우가 있다.

그리고 자녀가 TV에 빠져 학업을 등한시하는 경향이 있다. 집의 기운이 TV에 쏠려 TV가 집주인 행세를 하는 형상이 되는 것이다.

그 결과 집안의 사소한 분쟁을 가져오는 등, 집안에 우환(憂患)을 가져오는 형상이 된다.

특히 북쪽 중앙에 기를 가장 많이 증폭시키는 TV와 홈시어터 등을 배치하면 가장(家長)보다 부인의 기가 강하게 된다.

따라서 기(氣)의 증폭이 강한 가전제품은 동쪽이나 남쪽에 배치하여야 한다. 아울러 부엌에 가까이 배치하는 것도 되도록 삼가야 한다.

또는 TV나 에어컨 등은 창가 모서리를 이용하여 대각선으로 배치하여야 기의 흐름이 순조로워진다.

한편 전자제품은 가능한 한 가구에 수납하여야 한다. 이는 전자제품에서 내뿜는 흉한 기운을 중화시키기 위함이다.

2. 소파의 배치 및 형태

① 소파 등을 배치할 때는 동쪽이나 남쪽이 바라보이는 장소로 배치한다. 오행(五行)으로 보면 동쪽 방위가 탁한 기운을 여과시켜 준다는 의미를 갖고 있다.

따라서 이 경우 소파가 서쪽에 놓여 있으면 가전제품은 당연히 동쪽에 배치되어 있을 것이고, 북쪽에 놓여 있으면 남쪽을 바라보는 형상이 된다.

이는 실제 기능적으로 효용성이 클 뿐만 아니라, 서쪽에 앉아 동쪽을 바라보며 취하는 휴식은 기(氣)를 최대한 충전시켜 주는 동시에 신체적 피로도 풀어 줄 수 있는 방위가 됨을 의미한다.

오행(五行)으로 보면 탁한 기운을 동쪽이라는 방위가 다소 여과해 준다고 보는 것이다.

특히 사업을 하거나 장사를 하는 경우 서쪽(즉, 동쪽을 바라보는…)에 소파를 놓는다.

소파는 따뜻한 색, 쿠션은 따뜻한 면직을 소재로 한다.

② 소파는 현관을 등지고 배치하는 것이 이롭다. 소파와 벽면 사이가 너무 넓거나, 바로 뒤나 옆에 출입문이 있다거나, 소파가 출입문을 정면으로 바라보고 있는 것은 좋지 않다.

소파와 현관이 대각선을 이루고 있으면 기의 흐름이 일반적으로 원활하게 운영된다고 한다.

③ 공간에 여유가 있고, 식구가 많을 경우 소파는 가급적 기역(ㄱ)자 또는 니은(ㄴ)자 형태로 배치한다.

일자(一字) 소파를 두면 나란히 앉아 TV만 보다 각자 자기 방으로 들어가 버리는 썰렁한 분위기가 될 수 있기 때문이다.

공간에 여유가 있으면 주인과 손님이 앉을 때 마주보는 것보다 45° 방향이 되면 좋다, 기(氣)가 맞부딪쳐서 마음에 여유나 부드러움보다 급박해지고 신경이 날카로워지는 것을 중화시킬 수 있기 때문이다.

④ 소파는 사교를 중시한다면 가죽으로 된 것, 가족의 화목을 우선으로 한다면 직물로 된 것으로 하면 좋다.

⑤ 소파의 색상은 연한 갈색이 좋고, 튀는 것보다는 자연스러운 느낌을 주는 것이 좋다. 그리고 날카로운 느낌의 무늬나 격자무늬는 피하는 것이 좋다.

그러나 단색무늬 소파는 가정운을 무미건조하게 한다. 커버가 단색으로 된 소파를 사용한다면 쿠션이나 부분 포인트가 화려한 무늬로 된 것을 선택하는 것이 좋다.

⑥ 금전으로 어려움을 겪고 있다면 낮고 큰 녹색 소파에 따뜻한 꽃무늬 쿠션으로 하거나, 금색으로 하는 것도 방편이 된다.

⑦ 소파의 크기는 적당하여야 한다.

소파의 크기가 지나치게 크거나 고급품이면 소파가 주인공이 되고, 사람은 들러리가 되어 자심의 능력을 마음껏 발휘하지 못하고 결국 일이 생각대로 되지 않는 경우가 많다.

마지막으로 소파나 의자는 가능한 한 창(窓)을 가리지 않도록 하여야 좋다.

3. 거실 벽과 바닥 그리고 조명

거실 벽지는 연한 아이보리색이 좋다.

소파 뒤 벽면에는 딱딱한 가훈(家訓)보다는 가족들이 긴장을 풀 수 있는 산이나 숲이 있는 풍경화가 좋다.

거실의 벽면에는 어느 방위를 막론하고 거울이 없는 것이 좋다.

어린이나 임산부가 있는 집안에서는 거실 바닥에 양탄자(카펫)를 깔지 말아야 한다.

굳이 양탄자(카펫)를 깔고자 한다면 겨울에는 붉은색 계통, 여름에는 밝은 주황색 계통이 좋고, 장판은 약간 짙은 색으로 까는 것이 좋다.

거실 바닥에 장판을 깔 때에는 현관에서 실내 쪽으로 선이 이어지도록 하면 기의 흐름이 좋아진다.

대부분의 가족들이 모이는 저녁시간에 거실의 조명은 모두 켜 두는 것이 좋다. 이때 켜지지 않는 전구가 있다면 즉시 교환하여야 한다. 그리고 현관과 가까운 쪽에 가장(家長)의 키만한 조명등을 켜 둔다면 더욱 좋다. 이것은 가장의 사회활동이나 승진, 건강 등에 간접효과를 주며, 소파 옆에 키 큰 스탠드를 놓으면 불화(不和)를 예방하는 데 도움을 줄 수 있다.

특히 조명을 끄고 TV만 켜 놓은 채 가족들이 모여 있거나 간접조명만을 켜 놓고 생활하는 것은 우환(憂患)을 부르는 지름길이 될 수 있음을 알아야 할 것이다.

천장(천정이라고도 함) 중앙이 움푹 들어간 경우에는 중간크기의 조명 두세 개 정도를 설치하여 들어간 부분이 돌출된 느낌이 나도록 하여 전체적으로 천장이 평면을 유지할 수 있도록 하여야 한다.

천장에 조명기구 하나만을 달아 놓은 집은 좋은 형태의 조명설비라고 할 수 없다. 특히 가족 간의 화합을 원한다면 조명을 여러 군데 분산시켜 달도록 한다. 물론 너무 많으면 가족들이 집보다는 밖으로 지내는 것을 좋아하게 되므로 중심이 되는 커다란 등과 함께 간접조명이나 벽 등으로 보완하면 좋다.

작은 조명을 천장에 설치할 때에는 매달지 말고 벽에 매몰시키는 것이 좋다. 이는 매달린 조명은 집을 짊어지고 있는 형상이 되기 때문이다.

거실 천장의 등이 샹들리에일 경우에는 자주 청소해 태양빛이 영롱한 빛처럼 발산되도록 하여야 한다. 만약 샹들리에의 작은 유리알이 먼지나

오물로 발산하여야 할 빛의 기운을 잃어버릴 경우 오히려 탁한 기를 내뿜게 된다. 따라서 자주 청소하기 어려울 때에는 관리하기 쉬운 백열등으로 대체하는 것이 좋다.

조명기구가 스탠드인 경우 기둥이 여러 개인 것은 삶의 변화가 크기 때문에 좋지 않다. 스탠드의 기둥은 되도록 긴 것으로 하나로 된 것이 좋다.

소파 옆에 키 큰 스탠드를 놓아두면 주변과의 마찰이나 다툼을 예방, 사회생활에 긍정적인 효과를 가져 올 것으로 기대된다.

4. 거실 내의 가구 및 책상

거실의 가구는 나무색이나 연분홍 등 밝은 색이 좋다. 그리고 책상이 목재로 된 원형 또는 직사각형인 경우 동쪽(예 : 직사각형인 경우 동서방향으로…)이나 북쪽으로 놓는 것이 좋다. 이는 명석함과 건강을 지키는 방위이기도 하기 때문이다.

유리로 된 것은 경제적으로 윤택한 사람에게는 관계가 없지만, 과거에 집착하기 때문에 젊은 사람에게는 바람직하지 않다. 작은 것은 아예 놓지 않는 것이 낫다.

특히 유리나 대리석 테이블은 음기(陰氣)가 강해 적극성을 상실하게 된다.

유리나 대리석 소재의 테이블을 사용할 때에는 커버를 씌우고 매트를 깔아서 음(陰)의 기운을 낮추어 주도록 한다.

5. 거실 내의 화분

거실 안의 화분은 음과 양의 기운을 균형 있게 조화시켜 주는 작용을 한다.

거실에 향기가 좋은 꽃을 놓거나 꽃그림을 놓거나 걸어두면 애정운이

상승해 만족스러운 생활을 할 수 있다.

그러나 조화(造花)는 가상학적으로 볼 때 죽은 기운을 내뿜기 때문에 흉한 것으로 본다.

거실 내에 화분을 둘 경우, 그 집에 기거하는 사람들의 키보다 큰 화분을 피하는 것이 좋다. 이는 식물이 주인이 되어 버리기 때문에 좋지 않다고 보는 것이다.

특히 어린이나 노약자들에게 편치 않을 기운, 즉 저항의식과 위압감을 불러일으키기 쉽다. 따라서 어린이나 노약자가 있는 집은 가급적이면 화분이 작아야 한다.

그리고 식물(화분)은 가상인테리어에서 중요한 역할을 하지만 시든 것을 방치하면 오히려 좋은 운이 달아나 버린다.

거실 창가나 소파 옆에는 가장(家長)의 키보다 작고, 잎이 무성한 화분을 둔다. 또 부엌으로 통하는 길목에 작고 잎이 무성한 화분을 두면 주부의 건강증진에 도움이 될 것이다.

화분을 둘 때 주의할 점은 같은 장소에 같은 종류의 것을 나란히 놓아서는 안 된다는 점이다. 이는 오히려 기 싸움을 조장해 기가 혼탁해질 우려가 있기 때문이다.

한편 거실에는 가급적 다음과 같은 경우는 피하여야 한다.

① 너무 많은 가구와 복잡한 장식품
② 덮개를 벗겨 버린 천장 조명
③ 천장까지 무성하게 자란 화분 등은 집안에 위압적인 기운을 조성, 가족들을 신경질적이고, 불화(不和)를 조성하기 쉽고, 이웃과 마찰을 일으키는 원인이 될 수 있다.

그리고 대부분의 전자제품은 검정색 계통인데 나무색, 회색, 베이지색의 패브릭이나 곡선의 흐름이 좋은 난(蘭), 화분 등을 두어 기를 중화시키는 것이 좋다.

아울러 거실, 침실, 서재 등에 햇빛이 잘 들어오지 않는 모퉁이(모서리) 공간에는 아트 플라워 장식, 그린 인테리어의 운치를 더하는 것도 하나의 방법이다.

6. 창문과 커튼

최근에 창문은 갈수록 커지고 있는 추세이다. 이러한 창문의 대형화 추세는 어쩔 수 없다면 창문에 대해서 좀 더 신중히 고려할 필요가 있다.

특히 창문이 정남향인 경우 기가 너무 여과 없이 들어와 오히려 가족 중 허약한 사람의 건강과 진로에 장애가 올 수 있고, 지출도 많아질 수 있다. 이런 경우 격자형 창이나 반투명 소재의 커튼 등으로 적절하게 차광(遮光)하도록 한다.

마치 산을 연상하게 하는 커튼 장식과 곡선으로 입체적 느낌이 들게 한다면 최상이라 할 수 있다. 이는 상승하는 모습에서 주어진 공간에서 사는 사람이 개운(開運)의 방향으로 움직이려는 심리적 상태를 유지할 수 있기 때문이다.

한편 두꺼운 소재의 커튼을 사용하는 것은 바람직하지 않다. 왜냐하면 이는 재물이 늘어나지 않는다는 의미를 갖고 있기 때문이다. 특히 두꺼운 데다 지나치게 화려한 무늬의 커튼은 소비가 강해지고, 재물이 줄어들게 된다.

따라서 차분한 색상의 단색이거나 꽃무늬가 무난하다. 즉 아이보리, 베이지, 옅은 무늬가 있는 흰색 등 밝고 깨끗한 색상의 커튼이 바람직하다.

7. 거실 내의 거울

거실에는 방위와 관계없이 거울을 설치하는 것을 삼가는 것이 좋다. 특히 거실의 모습을 모두 비추는 것은 가족 간의 화합을 방해하므로 무조건 떼어내야 한다.

8. 구석(모퉁이) 공간 활용방법

모퉁이에 소품을 활용한 장식을 배치할 때는 되도록 환한 조명 아래 두는 것이 이상적이다.

특히 모퉁이에 고가구를 둘 경우에는 다음과 같은 점을 고려하여야 한다.

첫째, 가능한 한 밝은 곳에 두도록 한다.

둘째, 통풍이 잘되는 곳에 두도록 한다.

이는 과거와 현재가 함께 어우러져 기(氣)의 균형감과 편안함을 누릴 수 있도록 한다는 점을 배려하기 위함이다. 아울러 고가구가 낡았다거나 색상이 칙칙하다고 구석에 두면 오히려 역효과를 유발할 수 있다. 이런 경우 집안싸움이 자주 생기거나 가게인 경우 손님의 발길이 줄어드는 수가 있다는 속설(俗說)이 있음을 이해하여야 할 것이다.

따라서 고가구는 가급적이면 밝은 장소에 놓고, 청결함을 유지하도록 하여야 한다.

셋째, 고가구는 큰 것을 피하는 것이 좋다. 그리고 고가구 위에 작은 화분을 배치하는 것도 좋은 방법의 하나이다.

9. 거실에 계단식 층을 두는 것은 삼가야 한다

집안 특히 거실의 바닥에 층을 두게 되면 생체리듬을 저하시키는 결과를 초래하여 무력감과 피곤함을 낳는 요소가 된다.

10. 그 밖에 참고하면 좋은 내용

금전으로 인해 어려움을 겪고 있으면 분홍색이나 흰색 계열의 인테리어를 하면 어느 정도 해소를 할 수 있다. 천장은 베이지색이 좋으며, 반드시 위로 향한 간접조명을 설치하도록 한다.

그리고 노란색은 일반적으로 금전운(金錢運)을 상승시킨다고 본다. 이런 연유로 방위에 맞게 사용하여야 한다.

예를 들어 거실의 북동향을 흰색으로 장식하고 부동산에 관련된 기운을 상승시키기 위해 노란색을 함께 사용한다. 또 테이블에 흰색 천을 씌우고 노란매트를 깔면 사두었던 토지(땅)의 가격이 오르는 등 부동산에서 효과를 볼 수 있다.

상식 돌려보기 7 : 베란다를 확장하였을 경우

거실을 넓게 쓰기 위하여 베란다를 개조하는 경우가 많은데, 이것은 주택의 내구력을 약화시킬 뿐만 아니라 흉한 기운을 불러일으킬 수 있으니 가급적 그대로 사용하는 것이 좋다.

그러나 이미 개조하여 어쩔 수 없다면 벽을 허물어 낸 장소에 줄기와 잎이 무성한 화분을 좌우에 두거나, 거실 창문 한가운데에 장식품 등을 두어 나름대로 외부에서 들어오는 강한 기운을 적절히 차단하는 방법을 고려한다. 그리고 허물어낸 벽을 감추듯이 버티컬, 브라인드, 커튼 등으로 적당히 차폐시키는 것도 하나의 방법이다.

5 자 녀 방

자녀 방은 놀기도 하고, 공부도 하며, 휴식을 취하며, 잠을 자는 공간으로 자녀의 성장 발육에 중요한 공간이다.

1. 위치(방위)

북서쪽, 북쪽, 동쪽, 북동쪽, 남서쪽, 남동쪽까지 가능하다.

여기서 1순위는 북쪽, 북동쪽 순이다.

현관에서 실내를 바라볼 때 좌측에 있는 방이 가급적이면 좋다. 왜냐하면 현관의 우측은 강하고 돌발적인 기가 작용하므로 그 쪽에 자녀의 방을 두면 자녀들이 산만하고 사치스러울 수 있기 때문이다.

현관에서 가장 가까운 좌측은 침착하고 주도면밀한 기가 작용한다. 이런 공간에서 생활하면 자녀는 침착해지고, 그 결과 학업성적도 오를 것으로 기대된다.

그렇지만 이 방위는 큰 아이보다 작은 아이에게 어울리는 방위이다.

한편 수험을 앞둔 수험생 방이 남쪽이라면 고전할 수도 있음을 명심하여야 한다.

그리고 자녀 방은 무엇보다도 방위의 에너지와 아이의 성장 단계가 어울리도록 하는 것이 바람직하다.

이런 의미에서 큰아들은 동쪽에 가까운 방을 주고, 작은 아들은 북동쪽이나 북쪽의 방을 쓰도록 한다.

큰딸은 남동쪽에 가까운 방이 유리하고, 작은 딸은 남쪽이나 서쪽 방에서 생활하게 하는 것도 좋은 방위임.

그러나 외동인 경우 성별의 구분 없이 동쪽이나 북동쪽의 방을 선택하는 것이 가장 무난하다.

2. 잠자리(침대)의 위치

침대머리는 동쪽에 두는 것이 좋다.

총명하고, 차분하게 키우는 데 좋은 방향이다. 그러나 심약한 성격의 아이나 밤샘을 자주하는 자녀에겐 오히려 안 좋을 수 있으니 유념하여야 한다.

그 다음이 남쪽이다. 그리고 체질에 따라 북쪽에 머리를 두고 잘 수도 있으나 이는 예외적인 경우라 할 수 있겠다. 특히 수험생인 경우 좋은 방위라 할 수 없을 것이다

침대머리 방향에 창문이 있으면 바람직한 형태이다. 즉 방문에서 대각선 방향이 가장 바람직하다. 이는 입구에서 가장 먼 곳에 머리를 두고 자야 함을 의미한다.

그러나 방문을 열자마자 곧바로 침대 – 특히 침대머리 – 가 보여선 안 좋다. 이것은 침대에서 출입문을 바라볼 수 있도록 배치하여야 한다는 의미와 같다.

그리고 침대는 벽으로부터 최소한 20～30cm 정도 이격(離隔) 거리를 두는 것이 좋다. 이는 현실적으로 우리 주거문화 공간에서 어려운 점이 있지만 자녀방의 공간이 가능하다면 중앙이 가장 좋은 곳이라는 점을 상기하면 될 것이다.

3. 책 상

북쪽이나 동쪽(북동쪽 포함)이 좋다. 이 방위는 차분하고 지적(知的)인 기운을 받는 공간인데 대부분의 자녀들이 집중력 있게 공부를 하여야 할 연령이기 때문에, 이 방위를 통해 재능을 살리고, 원만한 성격을 형성하는 데 도움을 줄 수 있기를 기대하며 추천하는 것이다.

이 방향에서 방문을 열자마자 자녀가 전면에 보일 수 있게 책상을 배치할 수 있을 정도의 공간이 가능하면 더욱 좋다

책상은 가급적 출입문 가까이 두도록 하고, 좌측 모서리로 출입문을 향할 수 있게 배치할 수 있다면 더욱 좋다. 이는 자녀가 자기 일에 대한 스스로의 통제가 가능하도록 함이 목적이다.

책상이 창문과 마주보고 있으면 바람직하지 않다. 이런 배치는 실내균형이 깨지면서 지구력을 상실하게 되어 산만하게 된다. 그 결과 자녀가 밖으로만 나돌게 된다.

아울러 자녀의 방에서 책상 위치는 방문을 등지지 않도록 한다. 이는 집중력을 얻는 이익보다 편협한 인격형성으로 문제가 발생할 수 있기 때문이다.[30]

자녀 방은 특히 실내조명에 각별한 관심을 갖도록 하여야 한다. 이 경우 전력소비가 다소 더 들겠지만 형광등보다는 백열등 스탠드로 함이 바람직하다. 특히 출입문에서 바라볼 때 실내 쪽 정면에 해당하는 곳에 작은 스탠드를 켜 둘 수 있는 공간이 있거나, 받침대 있는 화분을 놓을 수 있는 공간이 있다면 더욱 좋다. 또 오른쪽 구석이나 출입문 바로 옆 여유 공간이 있다면 별도의 간접조명을 설치하는 것도 바람직하다.

책상 양옆 근처에 관엽식물이나 흰색 꽃(생화、조화 모두) 있으면 좋은 방의 기 흐름에 도움을 줄 수 있다.

책장의 책은 가급적이면 가지런히 세워서 두어야만 기 흐름에 좋다.

책상과 책장은 가급적이면 한곳으로 모아 일렬로 배치하는 것이 좋다. 이는 크고 작은 가구들이 분산되어 배치되어 있다면 산만해지고 주의력이 흩어지기 때문이다.

이럴 경우는 희박하지만 만약에 책상에 무늬가 있는 경우라면 아이들의 마음을 혼란스럽게 하는 경우가 있으니 이점을 유의하여야 한다.

화려한 색상이나 무늬가 프린트되어 있는 색상을 사용하면 마음이 혼란스러워지므로 나뭇결이 살아있는 차분한 것을 고른다.

철제책상이나 책장이 붙어 있는 책상도 좋지 않다.

---

30) 소형 공동주택에 거주하는 상당수의 가정들이 공간의 협소함으로 인해 이 문제를 원만하게 해결할 수 없는 한계가 있다는 점이 안타깝다.

4. 색조(색상)

어두운 색 벽지나 가구, 이해하기 어려운 추상화, 엄격한 가훈 등은 가급적 자제하는 것이 좋다. 그리고 유명연예인 브로마이드도 권장할 만한 것은 아니다.

자녀방의 그림은 풍경화가 좋다.

벽지는 띠 벽지나 요란한 무늬를 삼가는 것이 좋다. 이는 내부의 기를 분산시키고, 가족의 화목을 해치는 기를 불러일으킬 우려가 있기 때문이다.

커튼은 기하학적인 무늬나 사선무늬는 학업(공부)에 바람직하지 않다.

자녀가 수험준비를 하고 있다면 세로로 된 스트라이프 무늬의 커튼이 무난하다. 다만 이 경우 역시 기하학적 무늬나 사선무늬로 된 커튼은 피하도록 한다.

아이들 방의 벽지나 커튼, 침대커버는 남자아이인 경우 연녹색 계통, 여자아이인 경우 밝은 분홍색이 베이지색, 흰색 등과 배합된 밝은 느낌의 벽지와 노랑, 연한 주황색 등이 어우러진 커튼이 좋다.

5. 컴퓨터 등 가전

컴퓨터 등 가전제품은 가급적이면 발치 쪽으로 둔다. 발치 쪽 공간이 여유롭지 않을 경우, 침대와 컴퓨터 등 가전제품 사이에 적당한 공간을 두어 완충지대를 만든다.

6. 기　타

정서불안, 성적부진 등으로 고민하는 자녀가 있다면 자녀 방 주위에 보일러실이나 창고, 어두운 공간이 있는지 살핀다. 그런 공간이 있다면 그 입구에 화분을 놓거나 풍경(風磬)을 달아 두면 효과를 얻을 수 있다.

상식 돌려보기 8 : 기(氣)와 사주(四柱)와의 관계

태양과 지구, 달, 별 등이 자전과 공전을 하면서 지구에 미치는 자력(磁力)의 양이나 빛의 양은 다르게 나타난다. 특히 태양의 연소, 폭발작용으로 발생하는 전자파와 빛의 파장은 다르게 나타난다.

그러므로 년, 월, 일, 시에 따라 지상에서 일어나는 전자력의 강도와 전자파도 달라지는데 이는 때와 장소에 따라 기(氣)의 내용이 다르다는 것을 의미한다.

동양의 철학자들은 오랜 시간을 두고 비슷하게 반복된다는 것을 알아냈다. 그리고 이 반복주기가 60년임을 밝혀내어 육십갑자(六十甲子)설을 만들어 내게 되었다.

태아가 세상 밖으로 나오기 전에 그 태아의 세포에 입력된 것은 부모로부터 받은 기(氣)이다. 여기서 출생 시 태아의 주위에 있던 대기의 전자파가 입력되면서 그 사람의 기본적 체질을 형성하게 된다.

이렇게 한 사람의 몸 안에 입력된 최초의 기(氣)가 일생동안 겪게 되는 년, 월, 일, 시의 기(氣)와 일치할 때도 있고, 일치하지 않을 때도 있는데 이것을 풀이한 것이 사주(四柱)이다.

이처럼 사주학(四柱學)은 과학적인 원리를 활용하고, 경험적인 관찰을 결합시켜 놓은 학문이다. 다만 사람의 체질은 부모에게서 물려받은 유전자적 기(氣)와 입태(入胎) 또는 출생의 '장소의 기(氣)' 그리고 출생년, 월, 일, 시 즉 '시간의 기(氣)'가 동시에 입력되어 형성되는 것인데, 사주학에서는 이중에서 '시간적 기'만을 대상으로 한다는 제한이 있다고 할 수 있다.

6 서 재

1. 서재는 차분함을 상징하는 북쪽 방위가 좋다

북쪽은 차분함, 집중력, 지혜로움을 높이는 방위이기 때문이다.

현대는 경쟁사회에서 이겨야 한다는 강박관념에 억눌려 살고 있다. 이런 의미에서도 물(水)의 방위인 북쪽은 물의 흐름을 연상케 하는 순탄함을 뜻하기도 한다.

2. 책상과 책장은 북쪽이나 동쪽이 좋다

책상은 북쪽이나 동쪽에, 책장은 책상과 일정 간격을 두고 배치하는 것이 바람직하다.

책장의 방위는 동쪽이 길하다. 책은 그 본성은 맑지만 외부적인 모양은 탁하다. 특히 새 책인 경우 인쇄물이 내뿜는 공해로 건강을 해치기 쉽다. 따라서 서재에서 늦은 시간까지 일을 하다가 책으로 둘러싸인 서재에서 잠자는 것은 몸에 잔병을 불러들이는 결과가 된다. 잠자리를 서재로 택한다면 체력이 급격히 떨어질 수 있다.

3. 컴퓨터 등 가전제품은 창문이나 방문 근처에 두도록 한다

컴퓨터 등 가전제품은 방위를 찾는 것보다 기기(器機)에서 뿜어 나오는 탁한 기운(공기)을 해결할 수 있는 장소, 즉 창문이나 방문 근처에 두는 것이 좋다.

7 해우소(화장실)와 욕실

해우소(解憂所 : 화장실)는 건강, 욕실은 남녀의 애정과 관련이 있다. 가상비전집(家相秘全集)에 의하면 "화장실을 집의 중앙에 두게 되면 가장이 질병을 앓거나 허약해질 수 있다"라고 쓰여 있으며, 가상천백년안(家相千百年眼)에 의하면 "북쪽에 화장실이 있는 집은 갑작스런 재난을 계속 당한다"라고 되어 있다.

이를 현재 주거문화의 대명사라 할 수 있는 아파트에 적용하면 아파트 중심의 북쪽에 화장실이 있는 경우 갑작스런 재난을 모면할 수 없다는 의미로 해석할 수 있다.

일반적으로 북쪽 방위는 음양오행(陰陽五行)상 물을 뜻하는 방위이다. 이를 인체로 대비하면 다리와 하복부를 의미한다. 그러므로 이런 방위에 탁한 기운이 몰려 있으면 결국 다리와 하복부의 기(氣)를 빼앗아 가는 형상이라고 보았던 것이다.

그러함에도 현대의 주거문화는 양택삼요(陽宅三要)에 화장실과 욕실이 추가되었다.

1. 화장실의 방위

화장실을 두기 가장 무난한 방위로는 서쪽이나 남서쪽 또는 동쪽이나 북서쪽을 꼽을 수 있다.

그런데 남향집에서 동쪽에 위치한 화장실은 좋지 않은 기운이 숨어 있어 조치가 요구되며, 북서쪽에 위치한 화장실은 위치상으로는 좋으나 자녀들의 학구열(學究熱)이 떨어지는 단점이 있다.

그리고 서쪽이나 남서쪽을 가장 길한 방위로 보는 것은 창문이 있는 경우에 한한다. 이 방위는 인체의 배(복부)에 해당하므로 지저분하거나 배수가 안 되면 거주자 모두 배탈, 변비, 치질, 맹장염 등의 가능성이 높아진다. 따라서 좋은 방위에 위치한 화장실이라 하여도 창문이 없다면 창문이 있는 북쪽 화장실(욕실)보다 못하다.

그러므로 화장실(욕실)에서 가장 중요한 요소는 방위보다 통풍과 배수이다.

2. 침실용 화장실

침실용 화장실 역시 침실에 가까이 있다는 사실로 해로운 것이 더 많은 것은 부정할 수 없다. 그러므로 항상 문을 닫아두어야 하며, 화장실 정면에 따뜻한 색 계열의 꽃그림을 놓아 나쁜 기운을 중화시키도록 하여야 한다.

그리고 침실용 화장실 입구와 침대는 일직선상이 되지 않도록 하여야 한다. 남성의 활력이 떨어질 우려가 있기 때문이다.

3. 변기의 색상

변기의 색상은 흰색이 가장 무난하다. 흰색은 건강을 지켜 주고 부정한 힘을 물리치는 색상으로 알려져 있다.

그리고 검은색과 흰색, 흰색과 베이지색은 상생(相生)의 색이다. 이러한 색상을 중심으로 한 조화를 이루는 것을 추천할 만하다.

변기커버 흰색 계열과 연한녹색 계열도 무난하며, 블라인드나 커튼은 노란색, 분홍색 계열도 무난하다.

조명은 밝은 느낌이 들도록 하고, 전체 분위기는 흰색이나 연한 겨자색이 들도록 한다.

욕실 용품은 따뜻한 색, 붉은색 계열이 좋다.

4. 거 울

화장실(욕실)의 거울은 좁은 공간을 넓게 보이게 하고 싶은 욕망으로 큰 거울을 부착하는 것을 삼가야 한다. 실내면적에 비해 큰 거울은 오히려 실내균형을 깨뜨려 흉한 기운을 만들어 내기 때문이다. 특히 벽 전체를 거울로 한 것도 문제이다.

거울을 달 때 양쪽 벽면을 다 채우기보다는 한쪽 면(面) 정도로 그치는 것이 균형감이 더 있다.

5. 변 기

우선 북동과 남향의 화장실은 피하는 것이 좋다. 남향의 강한 화기(火氣)와 화장실의 수기(水氣)가 상극(相剋)으로 심장병, 과민성 대장증세, 만성위염 등의 질병이 우려되는 형국이다.

특히 문을 열었을 때 변기가 곧 바로 눈에 들어온다면 특히 여성의 기(氣)를 다치게 한다고 한다. 또 재물(財物)이 물에 젖은 형국이 되어 항상 낭비가 많은 집이 된다.

따라서 이러한 구조상의 문제점을 보완하려면 키 작은 가리개 또는 커튼 등을 활용해 변기가 전면에 드러나지 않게 시선차단을 하는 것이 바람직하다.

6. 욕 조

욕조의 물은 단수(斷水)를 대비한 경우가 아니라면 받아두어서는 안 된다.

이는 괸 물이 혼탁함을 의미하며, 이 물을 사용하는 사람은 주로 주부가 될 것이다. 따라서 주변사람에게 거부감을 주게 되어, 남편, 자녀와의 의사소통을 멀어지게 하는 요인이 된다. 왜냐하면 부인과 떨어지고 싶은 생각을 들게 하기 때문이다.

심한 경우 남편의 외도로 이어지고, 자녀들 역시 어머니의 말을 잘 듣지 않고, 자신만의 시간을 가지려 할 것이다.

7. 욕실의 꾸밈

욕실을 지나치게 고급스럽게 꾸미는 것은 바람직하지 않다.

화장실(욕실)의 용품은 최소한으로 줄여 노출되지 않게 보관하여야 기(氣)의 분산을 막을 수 있다.

또한 여러 가지 소모품들을 정리하여 수납하는 것이 좋다. 따라서 선반 같은 것을 지나치게 많이 설치하고 커튼 등으로 장식하는 것은 지양하여야 한다. 즉 되도록이면 선반을 새로 만드는 일이 없도록 하여야 한다.

모퉁이를 꽃(생화와 조화 모두 가능)으로 장식하는 것은 좋다.

창이 없는 곳에는 옅은 빨간색 화병에 붉은 계열의 꽃으로, 창이 있으면 초록 계열의 화병과 화초로 장식한다.

창이 있는 경우에 커튼은 흰색 계통이 무난하다. 그리고 창이 있어 서쪽에 햇살이 들어올 경우에는 반드시 이를 차단해 주어야 한다.

청소도구를 화장실 구석에 방치하면 자녀들 학업에 지장을 준다. 즉 이를 그대로 방치하면 자녀들이 공부에 집중력을 잃는다.

자녀들이 학업에 열중하지 않는다면 그것은 이런 청소도구를 보이는 곳에 내놓은 채로 내버려둔 주부의 잘못이다. 적당한 장소가 없을 경우 관엽식물을 놓아 직접 보이지 않도록 한다.

미지막으로 화장실은 환기를 사주 시키고, 별도의 환풍기를 설치하여 화장실 내에 탁기(濁氣)가 고이지 않도록 한다.

상식 돌려보기 9 : 요강문화를 바라본 선조들의 시각

요강을 품고 사는 사람은 비실비실 앓다가 요절했고, 바깥에 두었던 사람은 장수했다.

"끼고 살 게 따로 있지"라는 속어가 나오게 되었다.

8 계 단

1. 계단은 기의 상하이동의 요체

계단은 층과 층을 잇는 용도로서 기(氣)를 상하(위아래)로 이동시키는 역할을 한다. 계단은 기의 흐름에 있어 보기보다 중요한 역할을 하고 있어 잘못 배치하면 재난(災難)을 가져다 줄 수 있다. 따라서 사람도 밝은 곳이 걷기가 쉬운 것처럼 기 역시 지나치는 공간이 넓고, 밝아야 흐르기 좋다.

2. 완만함과 부드러움

계단은 완만하고 부드럽게 굴곡진 형태가 좋다. 그렇다고 나선형 계단이 좋다는 뜻은 아니다. 층계 디딤판이 없는 나선형 계단 층인 경우 더욱 그렇다. 특히 드릴 끝처럼 바닥(천장)을 뚫는 듯한 느낌을 주는 것이라면 더욱 피하여야 한다. 이는 오르내리는 기의 흐름을 다치게 해 가족의 건강은 물론 재물에까지 나쁜 영향을 미친다.

3. 계단의 폭과 높이

계단의 폭이 넓은 것은 기의 순환을 좋게 하는 요소가 된다[31].

계단 위의 천장이 낮거나, 계단 폭마저 좁으면 위층에 살고 있는 사람은 기를 거의 받지 못한다고 보아야 한다. 이럴 경우 조명을 설치하여 밝

---

31) 일반적으로 계단의 유효폭은 120㎝ 이상, 단높이 18㎝ 이상, 단너비 26㎝ 이상이 되어야 한다. 아울러 높이 2m 넘는 계단(세대내 계단 제외)인 경우에는 2m 이내 마다 당해 계단폭 이상의 폭으로 너비 120㎝ 이상의 계단참을 설치하여야 한다.

게 함으로써 기의 흐름을 도와주어야 한다.

계단의 길이는 평면도상으로 볼 때 2.7m 이상 되어야 한다.

4. 계단의 위치

거실의 중심 가까이에 계단을 두는 것은 피하여야 한다.

집 중심에 계단을 두면 기의 흐름이 답답해져 질환을 앓기 쉬울 수 있다.

5. 조 명

계단을 주 통로로 이용하는 저층아파트, 주택이라면 무엇보다 조명, 밝기에 신경을 써야 한다.

6. 색 상

계단의 색상은 일반적으로 다음이 무난하다.

① 녹색과 적색(연한 녹색과 핑크색)

② 황색과 흰색

③ 흰색과 검은색

④ 검은색과 녹색

이들 색상은 서로 상생(相生)의 관계를 갖고 있는 색상으로 안정감을 주는 색상이라 할 수 있기 때문이다.

9 베란다

기(氣)의 흐름을 무시하는 것은 건강을 포기하는 것과 같다. 이런 의미에서 베란다는 기의 흐름을 원활하게 해주는 주요 공간이 된다.

1. 흙의 생기

베란다에 화분을 가꾸는 것은 산과 대지를 곁에 두는 것과 같다. 이런 의미에서 베란다에 화분을 둔다는 사실은 땅의 힘을 얻는 것과 같다. 따라서 화분이 없다면 땅의 힘을 포기한다는 것이요, 자신의 건강을 포기한다는 뜻과 같다.

화분(식물)은 죽은 공간인 건물에 생생하게 살아있는 공간을 확보해주는 것으로서 건물 전체에 균형과 생명력을 주는 것이다.

그러나 화분이나 나무들로 베란다를 가꾸었다고 안심해서는 안 된다. 나무가 지나치게 크거나 화분에 담긴 흙에 생기(生氣)가 없다면 헛일이다.

인체는 지상과 같은 상태의 지기(地氣)와 기압(氣壓) 등이 있을 때 가장 쾌적한, 컨디션이 양호한 상태를 유지할 수 있다고 한다. 따라서 아파트 거주공간이라는 특성을 감안해서 키 작은 화분들을 빛이 드는 곳에 적절히 배치하여 지기(地氣)를 얻도록 한다.

일반적으로 나무는 최고 3m를 넘지 않는 것이 인체에 이롭다고 한다.

따라서 아파트는 작은 화분을 여럿 두는 것이 이상적이고, 키 큰 나무라도 어른의 키를 넘지 않는 것이 좋을 것이다.

2. 내 · 외기(內 · 外氣)의 여과장소

한편 거실과 베란다를 트는 것은 바람직하지 않다. 왜냐하면 거실과 베란다를 하나로 묶는 것은 빠른 기(氣), 즉 맑은 기운의 흐름을 잡아두지 못하는 역효과가 있기 때문이다. 그리고 베란다라는 공간이 없어지면 외부에서 유입되는 온갖 기를 아무런 여과장치 없이 받아들이는 결과가 되기 때문이다. 따라서 만약 복구가 어렵다면 베란다의 일정 부문을 작은 화분이나, 정원으로 가꾸어 외부에서 들어오는 맑은 기를 잡아두는 방안을 찾아야 할 것이다.

아울러 한마디 더 하면 넓게 사는 것만이 반드시 좋은 일은 아니라는 점이다. 주거학자들의 말을 빌리면 1인당 적정한 주거공간은 5～10평 정도면 충분하다고 하는 점도 받아들여야 할 것이다.

특히 고층아파트인 경우 저층에 비해 흐르는 기운이 세기 때문에 베란다 같은 여과장치를 두는 것이 바람직하다.

3. 지자기가 미치는 범위

지자기(地磁氣)가 미치는 공간적 범위는 대략 15m라고 한다.

이는 아파트에서 지자기가 영향을 미치는 공간이 대략 5층 정도라는 의미가 된다. 따라서 6층 이상의 아파트에서 거주한다면 지자기의 영향을 적게 받을 수 있음을 의미한다. 그런 연유로 6층 이상 아파트에서 거주한다면 베란다의 화분 및 식재는 더더욱 중요한 의미를 갖는다 할 수 있다.

그렇다면 저층에 살면 지자기에 관한 문제가 해결될까?

나무는 지나치게 무성하게 자라면 수분과 함께 땅의 생기를 흡수하는 현상을 보인다. 그러므로 나무의 키가 2～3층의 정도로 성장하면 저층에 사는 사람은 오히려 지하(地下)에 묻힌 형상이 된다. 이는 곧 맑은 기(氣)를 나무에 빼앗기는 꼴이 되는 것이다.

10 정원수

우리의 전통 가옥 구조에서는 나무를 심어 울타리 역할을 하게 하였다. 이것은 통풍과 생기를 이롭게 한다는 면에서 매우 장려할 만한 풍수처방이다. 예를 들어 구기자나 사철나무 같은 생목(生木)으로 울타리를 만들어 보면 신선한 공기가 가족들의 심신을 밝게 해 줄 것이다.

아쉬운 점은 현대의 주택 상당수가 도시에 있는 관계로 공간 활용의 최대화를 위해서 정원수를 심지 않는다는 점이다. 그러나 전통가옥에서는 유실수이든 그저 꽃을 보기 위해서이든 정원에 나무를 심어 주택의 생기를 보강하였다.

1. 정원수의 크기 및 이격거리(離隔距離)

일반적으로 나무는 최고 3m를 넘지 않는 것이 인체에 이롭다고 한다.

그리고 정원수인 경우 집에서 15m 이상 떨어져 있어야 생기를 적절히 얻을 수 있다. 이는 너무 크고 무성한 나무는 오히려 집안에 들어오는 햇볕을 가리고, 너무 가까운 곳에 있는 나무는 그 뿌리가 집터 안에 들어와 집터의 생기를 흡수해 버리는 부정적인 영향을 방지하기 위해서이다.

2. 수 종

아파트의 정원수로서 적당한 수종(樹種)은 성장속도나 색상, 향기 등으로 보아 라일락이나 장미가 우선 무난하다.

그리고 먼 거리부터 뿌리가 깊고 튼튼한 소나무, 은행나무, 느티나무, 가시나무, 호두나무 등을 북서방향으로 심어서 방풍과 보온, 기(氣)의 순환효과를 얻도록 한다.

이는 아파트는 물론 전원주택에서도 바람이 흘러드는 북서풍을 막아

줄 뿐만 아니라 탁한 기운을 여과해 주는 역할을 하기 때문이다.

또한 나무를 심어서 가꾸어 볼 의향이 있으면, 가급적이면 집에서 멀리 떨어진 곳에 심어야 한다. 특히 창문 가까이에 유실수나, 세월이 흘러 창문을 가릴 정도로 잘 자라는 나무는 피해야 한다.

아울러 키 큰 나무는 뿌리가 집터까지 침범해 건물과 살고 있는 사람의 기운을 뺏는 경우가 있으므로 베어버리는 것이 오히려 현명할 수도 있다.

참고로 수종별 길한 방위를 살펴보면 다음과 같다.

① 장미 : 모든 방위에 이롭다. 방위에 상관없이 생기를 북돋아 주고 행운을 불러온다.
② 벚나무, 버드나무 : 동쪽 방위가 무난하고, 이롭다.
③ 라일락 : 방위에 상관없이 길하다. 길운을 강화시키는 것으로 알려져 왔다.
④ 대추나무 : 서쪽이나 남쪽 문 앞에 두세 그루가량 심으면 자손들이 번성하고 복록이 커진다. 이 나무 역시 어느 방위에 심어도 생기를 북돋아 주고, 가족들에게 이롭다.
⑤ 감나무 : 창문 앞에 심어서는 안 된다. 북서쪽에 감나무를 심으면 가정의 건강이 좋고 자손들이 화목하다. 또한 어느 방위에 심어도 생기를 북돋아 주고, 가족들에게 이로운 나무이다.
⑥ 복숭아나무 : 동쪽 방위가 무난하다.
⑦ 떡갈나무, 느릅나무, 석류나무 : 서쪽 방위가 무난하고, 이롭다.
⑧ 매화나무 : 키가 큰 매화는 북쪽에, 작은 매화는 동쪽 방위가 무난하다.
⑨ 오동나무 : 우물가나 앞마당에 심으면 대흉상이다. 남서쪽이나 북서쪽에 두세 그루가량 심으면 좋다.
⑩ 소철나무, 사과나무 : 정원수로는 부적당하다. 어느 방위에 심어도 흉하다.
⑪ 소나무 : 동쪽과 서쪽을 추천할 만하다.

⑫ 향나무, 대나무 : 어느 방위이든 길하다.

⑬ 구기자나무 : 현대식 주택에서는 드물지만 옛날에는 우물 옆에 심으면 길상이라 하여 흔한 풍경이었다. 방위와 무관하다.

⑭ 은행나무 : 집의 북쪽이나 북서쪽에 심으면 가운이 번창하고, 무병장수한다고 여겨 길하게 여겼다. 동쪽 방위 역시 무난하다. 다만, 가옥으로부터 일정거리 이격해서 심어야 한다. 이는 훗날 너무 자라면 집을 누르기 때문이다.

⑮ 등나무 : 집안의 형세를 꼬이게 하므로 적절하지 않다.

⑯ 키가 큰 나무 또는 거목(巨木) : 북쪽 방위가 무난하다.

⑰ 키가 작은 나무 또는 과실수 : 남쪽 방위가 이롭다.

3. 마 당

마당이 협소한 집은 동쪽이나 남쪽에 나무를 심지 않는 것이 좋다. 특히 산을 깎아낸 자리에 아파트를 짓는 경우 4~5층까지도 나무 그늘에 가리는 수가 있다. 이는 태양빛을 받을 수 있는 시간이 그만큼 짧아진다는 의미에서 가급적이면 태양빛을 많이 받음이 좋다는 의미이다.

그렇지만 가상학(家相學)에서 보면 나무 한 그루 없는 집은 쉽게 지기(地氣)가 소멸(消滅)되기 때문에 좋지 않다. 어느 경우든 적당한 정도로 있어 주는 것이 없는 것보다 낫다.

안마당에 연못을 파고 잉어를 기르면 정신이상자가 생기거나 가정에 불화가 생긴다.

4. 침실 주변의 식재

침실 가까이에 나무를 심어두면 건강을 해칠 수도 있다.

잠자는 공간에서 최소한 10m 이상 거리를 두어 나무를 심어야 한다.

특히 수분이 많이 요구하는 유실수는 피하도록 한다.

유실수는 과실을 수확할 수 있고, 보기에도 좋지만 벌레가 모이고, 소독을 하여야 하므로 정원수로는 추천할 만한 수종이 아니다.

이는 침실과 가깝게 정원수가 있을 경우엔 밤이면 나무에서 내뿜어지는 이산화탄소를 수면 중에 호흡하는 결과가 되므로 대흉(大凶)이다. 물론 건강도 악화된다.

5. 대문 앞쪽의 거목

대문 앞쪽으로 거목(巨木)이 서 있는 경우도 좋지 않다. 집안에 들어올 행운이 나무에 막혀 차단되고, 공기 순환도 좋지 않기 때문이다. 또한 마루나 현관 앞에 큰 나무가 서 있어 햇볕을 가리고 밤에는 어두운 그림자를 드리우게 되는 경우도 불길하다.

상식 돌려보기 10 : 이사나 이동은 '손' 없는 날로 택한다

이사를 가거나 가구를 옮길 경우 또는 멀리 여행을 떠나고자 할 때 흔히 '손 없는 날'을 택하라고 한다.

손 없는 날이란 음력 9일과 10일을 말한다.

따라서 음력으로 9, 10, 19, 20, 29, 30일은 손 없는 날로서 이사를 하거나, 신축해서 새로 들어가거나, 가구를 들이거나, 여행하기에 좋은 날로 꼽았다.

물론 바쁜 일상을 살아가는 현대인은 이를 맞추기 어렵다고 해서 치부하는 경향이 있지만 우리 조상들이 중요시해 온 '손 없는 날'의 개념은 본래 지구상에 흐르는 기(氣)의 이동변화를 감지해 나온 것이다. 즉 지구의 기 흐름을 민감하게 감지하여 해악(害惡)을 경계하는 데 활용해 온 것이다.

'손'이란 동서남북의 네 방위를 날짜별로 따라다니면서 사람의 활동이나 이동을 방해하는 귀신이라고 알아두면 좋을 것이다.

그러므로 '손 없는 날'이란 사람의 활동이나 공간이동을 방해하는 귀신이 없는 날을 가리킨다. 다시 말하면 '손 없는 날'은 이사나 이동, 여행을 하기에 부정적인 영향력을 가장 적게 받는 날이라고 할 수 있는 것이다.

모든 이동과 이사, 여행은 근본적으로 원래 있던 방위에서 다른 방위로 옮겨가는 것을 말한다. 이는 곧 기(氣)의 이동, 흐름을 말한다.

사람의 신체리듬은 자신에게 익숙한 환경에 맞추어 움직이고 있다.

눈에 보이지 않지만 자신을 둘러싼 기(氣)의 내용이나 성질, 흐름이 달라졌을 경우엔 신체적으로 그 변화에 적응할 수밖에 없다. '손 없는 날'은 각 방위상의 작용력, 각 방위가 지니고 있는 기의 영향력이 약해져서 새로운 기를 받아들이는 데 별다른 거부반응을 보이지 않기 때문에 새로운 기의 이동이나 변화 유입이 수월해지는 것이다.

'손 없는 날'과 어울려서 일기상으로 날씨가 쾌청하고 따뜻하다면 그 자체가 좋은 기를 방출하는 날이기에 이사나 이동, 여행을 하기에 좋을 것이다.

작은 세상

함께 나누는 기쁨과 슬픔
함께 느끼는 희망과 공포
이제야 비로소 우리는 알았네
작고 작은 이 세상

험한 길 가는 두려운 마음
둘이 걸으면 기쁨이 넘쳐
이제야 비로소 우리는 알았네
작고 작은 이 세상

이 세상사는 괴로운 마음
우리 힘 모아 손잡고 가면
이제야 비로소 우리는 알았네
작고 작은 이 세상

산이 높고 험해도
바다 넓고 깊어도
우리 사는 이 세상
아주 작고 작은 곳
아주 작고 작은 곳

출처 : (사)대한민국임시정부기념사업회 『독립정신』 답사단 유인물, 2007. 7.

제 III 부

방위로 본 가상

1 방위 알아보기

가상학(家相學)에서 가장 기본이 되는 것은 집의 방위(方位)를 알아보는 것이다. 많은 사람들이 자신이 원하는 방위를 선택하기란 쉬운 일이 아니다. 더욱이 최근에는 연립주택, 아파트 등 공동주택이라는 형태의 주거공간이 보편화되면서 더더욱 그렇다. 따라서 자신이 원하는 방위의 주거공간을 확보한다는 것은 행운이라고 볼 수 있다.

그러나 방위가 마음에 안 든다고 해서 매번 이사를 할 수는 없는 일이다. 방위와 같은 큰 조건이 충족되지 않았다면 여러 가지 보완책을 통해 자연(自然)의 순리(順理)에 따르도록 최선의 노력을 다하는 것이 현실적으로 현명하다. 왜냐하면 완벽하고 이상적인 집을 찾는 것보다는 자신이 살고 있는 집을 기(氣)가 통하는 생동감 있는 집으로 가꾸는 것이 지혜롭고 실용적인 태도이기 때문이다. 그리고 이런 이유가 바로 가상학을 배우고자 하는 핵심 내용인 것이다.

따라서 진단이 있어야 처방이 가능하듯이 자신이 살고 있는 집 또는 입주할 집, 이사하여야 할 집이 어떤 방위적 특성을 갖고 있으며, 이 집의 기를 원활하게 흐르도록 하기 위하여 살펴보아야 할 내용이 무엇이 있는지 알아보기로 한다.

우선 나침반과 각도기를 준비한다.

집안의 내부, 각 공간을 표시한 평면도를 마련한다. 이때 기준이 되는 것은 아파트, 빌라 등은 베란다를 제외한 내부공간, 단독주택인 경우 마당(정원)과 차고 등을 제외한 공간을 의미한다.

이러한 기준을 토대로 집의 중심점을 잡는다. [그림 4]와 같이 평면도의 중앙에서 동－서, 남－북으로 직각의 선을 그어 공간을 4등분한다.

이때 두선이 만나는 지점이 바로 집의 중심점이 된다.

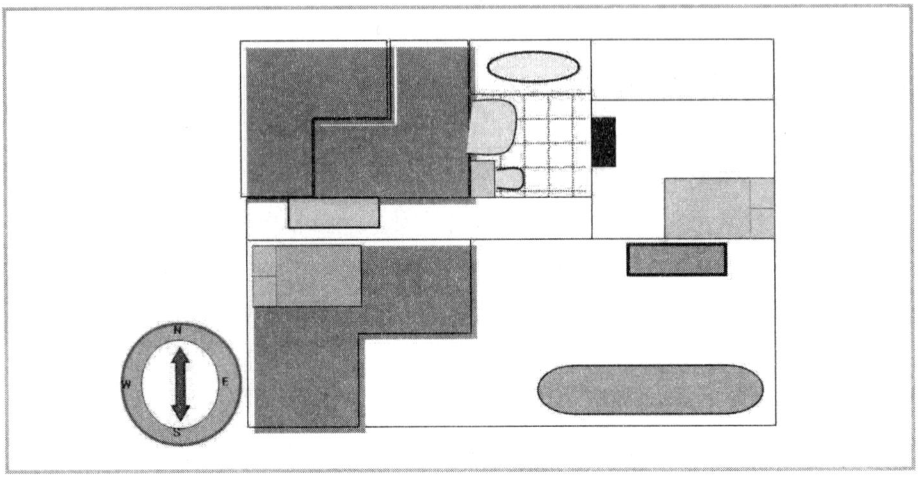

[그림 4]

공간의 형태가 사각형이 아닌 경우에는 두꺼운 종이에 평면도를 복사해 붙인 후 이를 오려낸다. 그리고 이 오려낸 평면도를 볼펜 등 뾰족한 것 위에 올려놓았을 때 평형을 이루는 지점을 중심점으로 잡으면 된다.

어느 쪽이든 한쪽 벽선에 평면도의 한쪽 선을 맞추고, 평면도의 중심선을 집의 중심점 바닥에 일치시킨다. 그리고 평면도의 중심점에 나침반을 놓는다. 북향을 가리키는 자침에 맞추어 평면도에 북쪽을 표시하고, 그 정반대 방향에 남쪽을 표시한다. 북쪽을 위로 놓고 오른쪽 직각(90도)에는 동쪽, 왼쪽 직각(90도)에는 서쪽을 표시한다.

[그림 5]처럼 동, 서, 남, 북 네 방위의 좌우로 15도마다 표시를 한 후 정방향을 끼고 30도 영역을 각각 표시하고 나면, 이 영역이 동, 서, 남, 북, 즉 정방위(正方位)가 된다. 그리고 그 사이에 있는 60도씩의 영역은 북동, 남동, 남서, 북서의 영역이 된다. 이를 우방위(隅方位)라고 한다. 그런 연후 그 연장선상에 집의 주요 공간이 어디에 해당되는지를 보면 된다.

특히 이 8방위 가운데 북동쪽은 표귀문(表鬼門), 남서쪽은 이귀문(裏鬼門)이라고 하는데 특별한 방위로 취급하였다. 따라서 이 두 방위의 흉상(凶相)은 그 영향력이 크고 깊어 각별한 관심을 기울였다.

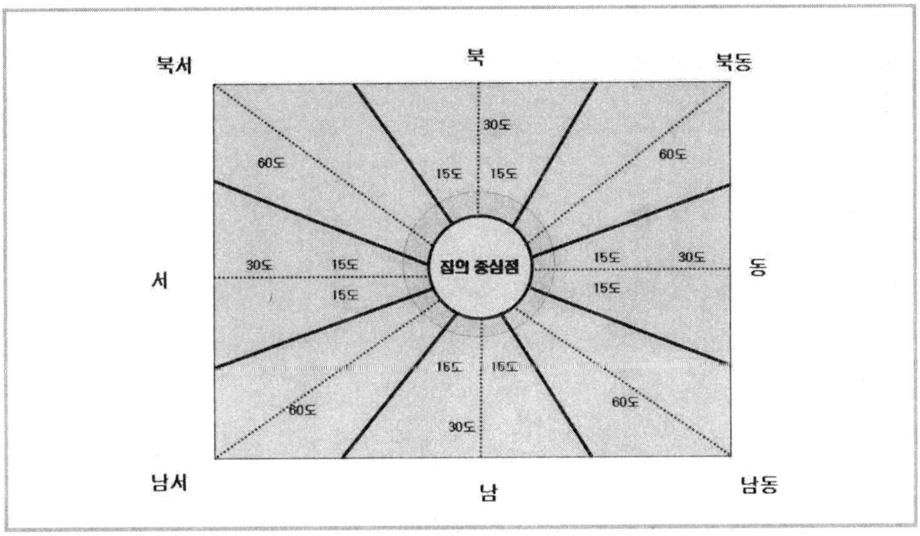

[그림 5] 8방위

마지막으로 집의 거실 창이 어느 방향인가를 본다. 거실 창이 남쪽일 때 "남향 집", 북쪽일 경우에 "북향집", … 등으로 부르는 것이다.

2 방위의 의미

주택의 방위를 파악했다면 자신의 집이 가진 방위의 속성과 의미를 살펴볼 필요가 있을 것이다.

각 방위별로 방위의 기능적 의미와 속성을 지니고 있지만, 자신이 지금 머무르고 있는 집의 방위가 별로 좋지 않거나 이른바 마음에 안 든다 하여도 낙담할 필요는 없다. 왜냐하면 가상학이 추구하는 여러 연구방법과 방책이 이러한 길흉을 조절하거나 바꾸고자 하는 데 있기 때문이다.

〈표 1〉은 각각의 방위가 지닌 의미를 정리한 것이며, 〈표 2〉는 집의 방위와 대문(현관)과의 관계를 정리한 내용이다.

이와 같이 방위를 살펴본 결과 방위가 좋다고 해서 무조건 기(氣)가 잘 통하는 것은 아니다. 그렇다면 중요한 핵심은 무엇인가? 방위와 부합하는 실내공간을 갖추는 것이다. 즉 방위가 좋지 않더라도 그 집에 거주하는 사람이 어떻게 대처하느냐에 따라 그 집의 기운이 바뀐다.

가상(家相)은 집의 기본적인 방위에 따른 길흉, 풍수로 본 여러 가지 요건들, 그리고 눈과 느낌으로 알아볼 수 있는 집의 인상, 분위기 등을 말한다. 그러므로 나쁜 가상을 지닌 집이라도 거주하는 사람의 사용 여하에 따라 새로이 좋은 기가 형성되기도 하고, 자연과 자연스럽게 호흡하는 집으로 바뀔 수도 있으며, 좋은 가상을 가진 집이라도 거주자의 행동이나 심리상태, 주변환경의 변화로 언제든지 흉가(凶家)로 바뀔 수 있다.

상식 돌려보기 11 : 8방위의 신체 영향력

동쪽에 결함이 있는 집에서 태어난 아이가 5년 이상 이 집에서 살았다면, 이 아이는 성장하는 과정에서나 성인이 되어서 다리부위나 간장에 장애를 겪을 수 있다고 한다. 이는 동쪽이 간장이나 다리를 지배하는 방위이기 때문이다.

〈표 1〉 8방위의 기능과 의미

방위	기능, 신체, 색상	가족	의미
동	• 만물이 나고 자람을 관장함 • 간과 쓸개, 자율신경계, 인후 • 색상은 진녹색(녹색, 파란색), 자주색	장남, 성인남자	진출, 기회, 생성, 재능, 발전, 활동, 건강, 새로움, 소리(음향)
서	• 만물의 기를 거두어들이는 기운 • 폐, 대장, 치아, 구강 • 붉은 느낌의 흰색(은색), 노란색, 황금색	삼녀, 막내딸	금전운(돈), 기쁨, 놀이(오락), 사랑, 결혼, 색정, 불륜, 취미, 상업성
남	• 만물의 숙성, 팽창을 관장, 아름답고 정열적, 화려함 • 심장과 소장, 뇌, 방광 • 붉은색(빨간색), 베이지색	차녀	불, 화재, 정열, 이별, 아름다움, 명예, 문명(발명), 지혜, 예술, 성급함, 소송
북	• 차분하고 이지적이며 축소적인 기운 • 신장과 방광 • 검은색, 회색	차남	어둠, 비밀, 남녀 간의 애정, 밀회, 섹스, 생식력, 저축, 고난(가난), 고뇌, 잠재의식, 질병
남동	• 만물의 완성과 정리 • 허리나 고관절, 쓸개, 식도, 허리, 수족(手足) • 녹색, 자주색, 오렌지색, 파란색	장녀, 젊은사람	신뢰, 신용, 인기, 상거래, 결혼, 연애, 여행, 대인관계, 무역, 팀워크
남서	• 만물의 기를 축적 • 배(복부), 위 • 진한 황토색(붉은색, 분홍색), 베이지색	어머니, 아내	모성애, 축적과 결합, 가정, 부동산, 수용, 절약, 토지, 크고 많음, 무기력
북동	• 만물의 변화와 혁신 • 코와 손, 다리, 허리 • 밝은 황토색, 갈색, 검은색, 파란색, 녹색	삼남, 막내아들	계발, 개혁, 이사, 전직, 상속, 부동산, 정리, 마감, 교환, 금전운, 저축, 고상함
북서	• 만물의 수습과 통제력 • 머리, 척추, 대장(大腸) • 순백색(베이지색, 흰색), 황금색	아버지, 남편	신성함, 고귀한 인물, 우두머리, 주인, 관청(직장), 상사, 협력자, 건강

〈표 2〉 집의 방위와 대문(현관)과의 관계

집의 방위	대문(현관)의 방위	관계(길흉)
동	동	상극(相剋) / 흉(凶)
동	서	보통
동	남	상극(相剋) / 흉(凶)
동	북	상생(相生) / 길(吉)
서	동	보통
서	서	상극(相剋) / 흉(凶)
서	남	상생(相生) / 길(吉)
서	북	상생(相生) / 길(吉)
남	동	상생(相生) / 길(吉)
남	서	상생(相生) / 길(吉)
남	남	상극(相剋) / 흉(凶)
남	북	보통
북	동	상생(相生) / 길(吉)
북	서	상극(相剋) / 흉(凶)
북	남	보통
북	북	상극(相剋) / 흉(凶)

3 기의 흐름에 따른 길흉

우리의 옛 풍수이론이 담겨진 가상비전집(家相秘全集)에 따르면 좋은 기(氣), 즉 사람에게 이로운 생기가 집안에 잘 통하게 하기 위해서 방위의 중요성을 강조하였다.

예를 들어 대문(현관)과 방문이 일치하여서는 안 된다든지, 화장실을 집의 중앙에 두어서는 안 된다고 하였다. 또 고급스럽고 큰 집이라고 해서 기(氣)가 잘 흐르는 것은 아니다. 너무 크고 호화스런 가구들이 즐비한 집보다는 작더라도 가구를 단정하게 정리해 놓은 집이 오히려 기가 충만한 집이 된다고 하였다.

가족 수나 분수에 맞지 않게 커서 썰렁한 집은 오히려 기가 흩어지는 형국이라고 보았던 것이다. 기(氣)는 모일수록 좋은 것이므로 약간 작은 공간에서 옹기종기 사는 것이 오히려 좋은 것이다.

이와 같이 좋은 기는 모이게 하고, 막힌 기나 나쁜 기는 곧바로 가족들에게 전달되지 않도록 노력하였다.

기(氣)[32] 흐름의 맥(脈)에 대해서 정리하면 다음과 같다.

① 모든 집은 북동쪽과 남서쪽에 신성한 기운이 있다.

② 현관에 들어서서 집안을 바라볼 때 좌측, 우측 대각선 및 중앙에 위치한 지점

그리고 생기(生氣)가 융결(隆結)되는 집과 그렇지 않은 집을 구분하기

---

32) 기(氣)의 사전적 정의는 ①숨 쉴 때 나오는 기운 ② 생활 활동하는 일. 원기(元氣), 정기(精氣), 생기(生氣), 기력(氣力) 등 ③ 동양철학의 기초개념의 하나로서 만물을 생성, 소멸시키는 물질적인 시원(始原)으로 되어 있다.
따라서 기(氣)는 천지만물을 생성하고 하늘의 별들을 움직이게 하는 힘이다. 즉 태양과 지구, 달 등이 일정한 궤도를 벗어나지 않고 운행하게 하면서 자연을 변화시키고 지상의 모든 생명체가 그 생명을 유지할 수 있도록 하는 힘을 말한다.

위한 일반적인 내용을 정리, 소개하면 다음과 같다.

① 기가 흐르는 지점에 불필요한 물건 등이 있다면 치워야 한다.

이는 마치 사람의 신체 즉 머리나 가슴 부위를 무거운 돌덩이로 누르고 있는 모습과 같은 것이기 때문이다.

그리고 모퉁이에 잡다한 물건들을 마구 쌓아 놓지 않아야 한다. 오히려 모퉁이와 기둥에는 화분(花盆)을 놓아 나쁜 기운과 영향력을 중화할 수 있도록 한다.

② 가급적이면 실내공간은 넓게 남겨두고, 기의 원활한 순환을 위해 자주 환기를 해주도록 한다. 또한 창(窓)은 항상 깨끗하고 맑게 유지하도록 한다.

③ 집의 크기는 1인당 5～10평 정도가 무난하다.

너무 크거나 너무 작으면 기의 흐름을 탁하게 하여 집안의 생기를 해친다. 그리고 빈방은 없도록 한다. 빈방과 그 안의 물건들은 기를 유실(流失)시킨다. 불가피한 경우가 아니라면 매일 청소를 해주고, 낮에는 문을 열어 두어 탁한 기운이 쌓이지 않게 하여야 한다.

한편 규모가 작고 낮은 집일수록 집 주변의 물길의 흐름과 도로와의 관계, 부엌과 빛, 햇볕, 청결함 등이 주택의 좋고 나쁨에 크게 영향을 미친다. 즉 주택의 길·흉상을 좌우하므로 기의 흐름을 개선할 수 있는 결정적 조건이 된다.

④ 방문들이 가운데 복도에 몰려 있으면 기의 흐름이 좋지 않다.

집의 구조상 방문들이 가운데 복도에 몰려 있으면 기의 흐름이 좋지 않아 가족의 화합을 해칠 우려가 있다. 이 경우 각 출입문이 만나는 복도 벽면에 작은 화분을 놓아 충돌을 완화시켜 주는 것도 하나의 방편이다.

⑤ 수험생과 침실 옆 베란다에는 물건을 쌓아두지 않도록 한다.

베란다에 자주 사용하지 않는 물건을 두는 것은 괜찮지만, 수험생

방이나 침실 바로 옆에 있는 베란다에 물건을 쌓아두면 정보(情報)의 흐름, 지혜(知慧)의 흐름을 파악하는 기(氣)가 막힐 우려가 있으니 주의하여야 한다.

⑥ 지기(地氣)를 가까이 받을 수 있는 단독주택이 고층 공동주택보다 이롭다.

지기 혹은 지자기(地磁氣)는 지표면에서 지상 15~35m 정도 영향력을 미친다. 즉 생체리듬과 의식 활동에 보이지 않게 영향을 준다. 따라서 이 영향을 제대로 받지 못하면 권태감, 우울증, 무기력증, 각종 성인병 등에 노출될 수 있다.

⑦ 겨울철의 북서풍을 막기 위해서 집의 뒤쪽은 튼튼하게 지어야 한다.

뒤쪽에 지나치게 큰 문이 있거나, 개방된 부위가 있어서는 안 된다. 그렇다고 한겨울인데도 겨울을 느낄 수 없을 정도로 따뜻한 집보다는 다소 차갑고 신선한 공기가 통하는 집이 길상(吉相)이다.

⑧ 집터는 가급적이면 사각형상이 좋다.

택지나 주택은 외관상 들어가고 나옴, 즉 요철(凹凸)이 심하고 모양이 복잡한 집은 기의 흐름을 산만하게 하여 생기를 해친다.

⑨ 작고 볼품없는 집에 지나치게 담장이 높을 경우 생기(生氣)가 고이지 못한다.

작고 볼품없는 집에 지나치게 담장이 높을 경우 생기가 고이지 못한다. 또 높고 큰 집이면서 담장이 없거나 너무 낮은 경우에도 생기가 흐르지 못한다. 담장은 높이가 적당하여야만 외부의 기와 내부의 기를 교류시켜 주는 매개체로서 제 역할을 다할 수 있다. 사람의 키보다 약간 높은 정도가 적당하지만 집의 크기와 높이에 따라 조정할 수 있다.

⑩ 집의 정북(正北)이나 정남(正南) 방향에 잡동사니를 두어서는 안 된다.

집의 정북이나 정남 방향에는 일체의 잡동사니를 두어서는 안 된다. 또한 하수구라든지, 창고 등을 설치하여서는 안 된다.

⑪ 문(방문, 창문)은 너무 많아도, 너무 적어도 좋지 않다.

창문은 실내에 고인 좋지 않은 기운을 밖으로 내보내는 통로이자 외부의 거친 기와 타인의 눈길이 들어오는 통로이다. 따라서 창문이 너무 많을 경우 집안에 도둑이 자주 들고, 가정을 넘보는 이가 생겨 부부 사이에도 문제가 생긴다고 한다. 더구나 창문이 많으면 집안에 이로운 기가 융결될 시간도 없이 밖으로 빠져 나가게 되므로 흉하게 여긴다. 특히 서쪽에 창문이 많거나 너무 큰 출입문이 있을 경우엔 여자 쪽의 목소리가 커진다. 결국 가장의 권위가 약화되어 부부싸움이 잦고, 재물운도 쇠퇴하는 것으로 보았다.

⑫ 수리할 곳이 생기면 즉시 수리하여야 한다.

특히 부엌에 틈이 생기면 탁한 기가 실내를 휘젓고 다니는 결과를 초래한다. 시멘트나 타일로 틈을 메우고, 부엌에는 가급적 못을 사용하지 않도록 한다. 못이 많은 부엌도 나쁜 기를 불러오는 데 일조를 하기 때문이다.

⑬ 화장실은 청결함과 환기에 신경을 써야 한다.

화장실은 청결하고, 바닥에 습기가 없도록 하며, 환기와 통풍에 신경을 써야 한다. 습기가 많고 악취가 배어 있는 화장실은 최악의 흉기(凶氣)를 유발한다.

⑭ 집안과 주변이 불결하면 탁한 기가 모인다.

집안의 청소가 불량하거나 주변이 불결하면 그 탁한 기가 가족에게 미친다.

가족 간의 불화가 심해지고, 자녀의 품행이 불량해지며, 배우자의 외도나 불륜의 계기가 될 수 있다.

⑮ 배수가 안 되는 곳에는 집을 지어서는 안 된다.

배수가 잘 안 되는 땅에 지은 집은 나쁜 기를 가중시킨다.

빗물이나 물이 잘 빠지지 않아 질척거리는 땅은 흉지(凶地)이며, 그곳에 지은 집도 좋을 리 없다.

⑯ 다음 조건에 해당되면 나쁜 기가 모이는 집이 되므로, 반드시 개선하여야 한다.

ⓐ 집 주변을 둘러싸고 있는 전후좌우의 국세(局勢)가 미흡한 경우, 예를 들어 산과 들, 건물, 강과 도로 등이 포근하게 감싸주지 못하여 이로운 생기가 모여들기 힘든 집을 말한다.

지나치게 경사가 급하고 뾰족한 산이 집 뒤에 있는 것도 흉하다고 여긴다.

ⓑ 죽은 땅에 집을 지었을 경우이다. 여기에서 죽은 땅이란 집 뒤쪽으로 흘러내려온 힘찬 산줄기의 기맥(氣脈)이 집터로 연결되지 못하고 끊어져 있는 집을 가리킨다.

ⓒ 집터 아래로 수맥(水脈)이 흐르는 집

ⓓ 예전에 공동묘지이었거나 감옥, 군대막사, 전쟁터였던 곳, 교회, 공동창고나 공용으로 이용되어진 땅이 이에 해당한다.

ⓔ 도로변이나 길이 교차되는 곳 또는 집앞에 있는 도로나 물길이 마치 주택을 향해 뻗어 있는 땅

ⓕ 집의 위쪽에서부터 좌우로 물이 급하게 흘러 집안에서 합류하거나, 골짜기의 흐름이 집의 정면으로 흐르는 땅, 집앞이나 뒤, 좌우에 폭포가 있는 곳

ⓖ 집앞에 우물, 연못, 호수 등이 두 개 이상 있는 곳

ⓗ 정원수나 기타 초목이 잘 자라지 못하거나, 토색이 어둡고, 습기나 물기가 고여 질척거리는 토지

ⓘ 집앞에 산이 있고, 뒤가 밋밋하거나 길이 있는 토지

ⓙ 집의 동쪽으로 큰산이 막고 있어 지기(地氣)의 흐름이 부자연스럽거나, 남쪽을 향하여 대로(大路)가 뻗어 있는 토지

상식 돌려보기 12 : 8방위상에 결함이 있는 경우

이사를 간 집이나 신축(개축)한 집이 8방위(八方位) 상 결함을 갖고 있을 때, 그 결함으로 인한 불운한 발현현상이 나타난다고 한다.

그 시기는 대개 신축(개축 또는 이사) 후 10개월째, 19개월째, 28개월째, 37개월째, …와 같이 9개월 단위로 나타난다.

이 작용력은 매우 크다고 한다. 이로 인해 질병이나 우환이 생기면 치유하기 힘든 중증으로 발전될 가능성이 높다고 하니 주의를 요한다.

이것은 사람의 생년(生年 ; 태어난 해)의 간지(干支)로 찾게 되는 각자의 본명성(本命星)이 아홉 개의 단위로 구성되었기 때문이라 한다.

본명성이란 일종의 자신의 별자리와 같은 것으로서 동양역학(東洋易學)의 근원인 8괘론(八卦論)에서 파생된 이론이다.

그 내용은 우주에 흐르는 기가 변화하는 형태를 아홉 가지로 분류한 것이다.

집을 신축(개축)하거나, 이사한 후 원인 모르게 뚜렷한 증상이 없으면서 몸이 아프거나, 하는 일마다 막힌다면 그 시기를 살펴보도록 하자. 즉 10개월째부터 9개월 단위로 나타나는 가상의 길흉을 살펴보고 올바르게 대처하는 것이 현명할 것이다.

집은 삶 그 자체를 담고 있다.

우리가 맑은 정신과 영혼으로 살아가기 원한다면 좋은 기가 모여드는 집에서 살아야 할 것이다. 가상학적으로 좋은 집은 궁극적으로 개개인의 삶의 행복추구와 관련이 있기 때문이다.

4 방위로 본 가상

1. 동 향

(1) 상 징

동쪽은 태양이 떠오르는 방위로서 활기찬 에너지를 생명체에게 준다. 즉, 만물은 태양의 에너지를 받아 생장하고, 번식한다. 사람에게는 생기, 신선함, 창조적인 능력을 불어넣는다.

동쪽은 오행으로 보아 목(木)의 기운, 즉 나무의 기운을 가지며, 푸른 나뭇잎을 연상하는 녹색을 상징한다.[33]

인체로는 간(肝)과 쓸개에 해당하고, 발이나 다리도 동쪽 방위에 해당한다.

이 방위에너지는 신규진출이나 발전, 새로운 기회, 신선함, 창조성을 선

---

33) 오행의 구성요소는 고대 중국의 현인들이 지구의 춘하추동 즉, 사계절을 연구한 끝에 오행(五行)이라는 사상(思想)을 만들어 냈다. 행(行)이란 길(道)의 의미로서 우주를 지배하고 있는 자연의 힘과 물체는 물론 눈에 보이지 않는 가체까지를 포함한 모든 것이 목(木), 화(火), 토(土), 금(金), 수(水)의 다섯 가지 요소에 의해 구성되어 있다는 것이다. 즉, 모든 것은 이 다섯 가지 중 어느 한 가지에 해당한다고 생각했으며 이것을 오행이라고 하였다.

이 오행에 대해서 간략하게 설명하면 다음과 같다.

- 목(木) : 모든 것을 성장시키는 봄의 난기(暖氣)를 의미한다. 그리고 수목 및 나무로 만든 목제품 모두를 가리킨다.
- 화(火) : 모든 것을 왕성하게 만드는 여름의 열기(熱氣)를 의미한다. 그리고 물건을 태우는 불 및 발열작용, 밝게 비추는 빛의 현상을 가리킨다.
- 토(土) : 사계(四季)의 중간에 해당하는 토용(土用)의 습기를 의미한다. 그래서 대지의 흙 및 흙의 작용 전반을 가리키고, 모든 것을 생성시키며 멸망시킨다는 성육(成育)과 부패(腐敗)의 두 가지 상반된 작용을 의미한다.
- 금(金) : 식물을 결실시키는 가을의 양기(陽氣)를 의미한다. 그리고 광물 및 모든 금속제품을 가리킨다.
- 수(水) : 모든 것이 앞으로 다가올 봄을 조용히 기다리는 상태 즉, 겨울의 한기(寒氣)를 의미한다. 또 액체상태의 모든 것을 가리킨다.

사하며 일상적으로 장남, 가족, 건강에 대한 길흉의 의미가 크다.

(2) 동쪽에 흠이 있으면 큰아들에게 문제가 발생한다

동쪽은 해가 떠오르는 곳으로 계절로는 한봄, 달로는 양력 3월, 시간으로는 오전 5시부터 7시까지를 가리킨다. 숫자로는 3, 8을 뜻한다.

이 방위가 나쁘면 큰아들에게 문제가 있다고 본다.

진급, 승진, 결단, 발전, 개업, 새로운 것, 어짐을 의미하는 방위이다.

(3) 동쪽 현관(남향집 기준)

현관의 가장 좋은 방위이다. 특히 젊은 부부에게 가장 좋다.

신발장은 가급적이면 붙박이장이 좋다.

붉은 계열, 따뜻한 색이나 흰 바탕에 붉은색으로 포인트를 준 매트를 사용하면 좋으나 어두운 색이거나 검은색 계통은 피하는 것이 좋다.

(4) 집의 중심에서 본 동쪽 거실

스포츠, 영업 등 직업적 특성을 상징하는 소품을 두면 해당하는 사람의 에너지가 높아진다.

커튼은 스트라이프 무늬가 좋다.

관엽식물과 유리탁자 위에 스탠드를 장식하거나, 쿠션과 카펫은 화려한 색상 또는 꽃무늬가 있는 것이 좋다. 그러나 혹시 간질환, 위장장애 등을 겪고 있는 사람이 있으면 동쪽 창에 벤자민(이와 유사한 식물) 화분을 두고, 소파는 베이지색이나 황토색으로 꾸미는 것이 좋다.

(5) 집의 중심에서 본 동쪽 침실

매우 좋은 방위이다. 사업가, 운동선수 등에게 더욱 좋다.

침대는 가라앉은 연녹색이 좋으며, 벽지는 회색, 베이지색, 연한 노란색을 추천할 수 있다.

일이 잘 풀리지 않을 때는 녹색, 청색의 커튼, 침대커버, 쿠션, 이불, 속옷 등을 선택하면 좋다.

일출(日出)이나 젊은 남성, 자동차, 악기 등이 표현된 액자나 소품도 무난하다.

(6) 집의 중심에서 본 동쪽 자녀 방

성장기에 있는 자녀에게 가장 좋은 방위이다.

독립심과 활발한 성격을 키워 주고, 특히 예술적 재능이 있는 자녀에게 좋은 방위이다.

그러나 자녀들 중에 다리나 발의 통증을 호소하거나 키가 자라지 않는 경우도 있다. 이런 경우 방 전체를 싱싱한 봄날 기운의 녹색으로 꾸미는 것도 하나의 방법이다.

(7) 집의 중심에서 본 동쪽 및 동남쪽 부엌

동쪽 또는 동남쪽 부엌은 생기(生氣)와 진취적(進取的) 기운이 가득한 공간이다. 이 방위는 활기차며, 의욕적으로 일할 수 있기 때문에 자연히 재산도 늘어난다. 따라서 금전적으로 잘되는 사람은 대체로 동쪽 부엌을 사용하는 사람이 많다.

자녀들 중에 누군가는 특히 예체능에 상당한 재능을 발휘하며, 대인관계와 학교생활도 우수한 자녀가 될 것이며, 이이들도 활기차고 진취적인 생활이 기대된다.

그러나 자녀가 참을성이 없고, 짜증이 심하면 부엌을 밝은 느낌의 벽지로 바꾸고, 식탁이나 의자 등은 흰색이나 연한 베이지색으로 하면 나아질 것이다.

(8) 집의 중심에서 본 동쪽 화장실과 욕실

가장 길한 방위이다.

건강하고 밝은 성격으로 만들어 주어 성공을 향해 나아가게 한다.

창문이 있다면 파란색, 보라색, 흰색이 배합된 커튼을 달고, 만약 변비가 있다면 노란색 계통의 색상으로 장식한다.

거울은 화장실, 욕실의 규모에 비하여 다소 크다고 생각되는 규모로 하도록 한다. 이는 방위의 기운을 살리기 위해서이다.

수건은 청색이나 빨간색으로 포인트를 준 것으로 사용하고, 매트는 채광이 좋은 경우 녹색 계열, 채광이 안 될 경우 붉은색 계열이 좋다.

2. 서 향

(1) 상 징

태양이 지는 방위인 서쪽은 땅 위에 펴져 있는 태양의 힘을 거두어들이는 숙살 방위로서 쇠퇴와 쇠락을 의미한다. 생물의 성장과 활동을 멈추게 하여 휴식과 정지의 기운을 주는 관계로 부정적인 의미로 작용하기도 한다.

서향을 오행으로 보면 금(金)의 기운, 즉 금속의 기운을 가지며, 금속성의 흰색, 은색과 같이 차가운 색상을 상징한다.

인체로는 폐(肺)와 대장(大腸)에 해당하며, 입(口)을 관장하기도 한다.

(2) 서쪽은 여성 결혼 운세의 방위이다

서쪽은 계절로 가을을 상징하며, 양력 9월에 해당한다. 시간은 오후 5시부터 7시까지이다. 그리고 숫자로는 4, 9를 상징한다.

서쪽에 장점이 많은 집은 즐거운 일, 기쁜 일이 많이 생긴다고 본다.

서쪽은 또 연못을 상징하므로 물의 상징의 하나인 모여드는 것 즉, 집

결성과 윤기를 의미하기도 한다. 또 열(悅)에서 결혼의 기쁨, 쇠(金)라는 점에서 돈과도 연관이 있다. 이러한 관점에서 미혼여성의 결혼 운세를 판단하는 방위이기도 하다. 아울러 가족으로는 막내딸을 상징하기도 한다.

(3) 서쪽 현관

좋지 않은 방위이다. 특히 물과 상극이기 때문에 어항이나 생수통 같은 것은 놓지 않는 것이 좋다.

신발장은 노란색 계열의 붙박이상이 좋다.

매트는 화려하다고 생각되는 것을 선택하며, 흰색, 노란색, 분홍색 꽃무늬도 좋다.

그림을 부착할 경우 가을 경치가 좋으며, 그림에 스포트라이트를 주는 것도 하나의 방편이다.

(4) 집의 중심에서 본 서쪽 거실

부자의 거실이라고 할 수 있을 정도로 경영, 사업수단을 높일 수 있는 강한 기운이 있다.

이러한 기운을 높이려면 정보를 얻을 기가 중요하다.

지는 햇살을 어느 정도 차단해 주고, 가구는 중후(重厚)한 것으로 고른다.

창 커튼은 항상 반쯤 가려놓고 생활하는 것이 좋다.

분홍색, 연한 녹색 또는 붉은 자주색 계통의 커튼이 어울린다.

서쪽 창문을 바라보고 앉도록 배치한 소파의 방향은 바람직하지 않으므로, 남쪽이나 동쪽으로 향하게 배치하고, 동쪽 벽에 붉고 밝은 느낌의 그림을 걸어두도록 한다.

(5) 집의 중심에서 본 서쪽 침실

휴식과 수면이라는 침실 본래의 기능을 충족시킬 수 있는 방위이다.

1등보다는 2등, 주업보다는 부업이, 큰 사업보다는 작은 사업을 충족시키는 차선(次善)의 의미가 크다.

서쪽 침실에서는 동쪽이나 남쪽의 에너지를 흡수해서 휴식을 취하는 것이 좋은데, 스탠드는 동쪽에 두고, 동쪽을 향해 머리를 두고 자도록 한다.

침대는 조금 화려하다고 생각이 들 정도의 것을 사용하도록 하고, 커튼은 지는 해(석양)를 차단할 수 있도록 한다.

(6) 집의 중심에서 본 서쪽 자녀 방

서쪽은 몰락하는 기운, 시드는 기운이 있으므로 자녀 방으로는 적합하지 않다.

서쪽 창문에 붉은색, 분홍색 계열의 커튼을 달고, 책상이나 침대, 가구 등은 진한 회색이나 군청색 등으로 꾸미는 것이 좋다.

자녀 방이 저녁 햇살이 정면으로 들어오는 위치에 있다면 연한 분홍색, 연녹색, 베이지색, 노란색 커튼이나 블라인드, 버티컬 등으로 차단해 주는 것이 좋다.

(7) 집의 중심에서 본 서쪽 부엌

지는 해의 기운, 밖으로 나가고 싶도록 하는 기운이 있어 좋지 않은 방위이다.

서쪽은 물과 불의 기운이 모두 어울리지 않기 때문에 재물운(경제적, 금전적인 운)이 달아나는 경향이 있다. 따라서 이를 조절하기 위해 흙이나 나무의 기운이 있는 것으로 실내를 가꾸어야 한다.

안정된 색의 가구를 북쪽에 놓아 재물운이 안정되도록 하고, 만약 어두운 색상의 가구인 경우 지갑을 두지 않도록 한다.

주방의 동쪽에서 식사를 할 수 있도록 식탁을 배치하는 것도 방법이다.

의자와 식탁은 녹차색이 무난하다.

(8) 집의 중심에서 본 서쪽 화장실과 욕실

보통의 방위이며, 애정관계, 다이어트 등과 관계가 깊은 방위이다.

애정이 지나치다거나 불만 요소를 갖는 경우가 많고, 비만이나 무리한 다이어트, 또는 역효과가 나는 다이어트를 유발할 가능성이 있다.

거울은 화려한 녹색 장식이 있는 것이 좋다.

매트와 목욕용품은 분홍, 노랑, 흰색 계통이 바람직하다.

수건은 녹차색이나 베이지 색상 계열을 쓰는 것이 애정운을 조절해 준다.

꽃을 장식할 경우라면 노란색, 분홍색 계열의 것을 적절하고, 적당하게 채택하도록 한다.

3. 남 향

(1) 상 징

생기를 머금고 동쪽에서 떠오른 해는 남쪽에 이르러 그 힘이 자랑에 달한다. 남쪽은 태양의 힘을 가장 많이 받는 방위이다.

그렇기 때문에 정열과 열정, 불, 화재, 다양한 움직임, 창조성, 발견, 문명 등의 기운을 증폭시킴으로써 인간사에 대한 많은 영향을 미친다. 이것이 지나칠 경우 조급함이나 불안정함과 같은 부정적인 결과로 나타난다.

남향을 오행으로 보면 화(火)의 기운 즉, 불의 기운을 가지며 불에서 연상되는 붉은색(빨간색)을 상장한다.

인체로는 심장과 소장, 눈(目)에 해당한다.

(2) 남쪽이 귀하면 권위, 영정으로 풀이한다

계절로는 한여름이며 양력 6월에 해당한다. 시간으로는 오전 11시부터 오후 1시까지를 가리키며, 숫자로는 2, 7을 상징한다. 아름다운 려(麗)에 해당한다.

인물로는 지자(知者), 미인, 둘째딸, 학자, 화장품업자, 미용사, 교사 등을 상징하고, 인체상으로는 심장과 소장, 눈, 머리, 유방 등을 상징한다.

남쪽의 상징이 불(火)이기 때문에 화재, 열, 휘황찬란, 광명, 발견, 노출, 권위, 이별, 사퇴, 수술, 절단, 예술, 싸움, 영전 등으로 풀이된다.

그리고 둘째 발가락과 깊은 관계가 있다.

둘째 발가락이 엄지보다 긴 사람치고 지능이 낮은 사람이 없으며, 소장에 병이 있을 때 둘째 발가락에 침을 놓는 이유도 여기에 있다.

(3) 남쪽 현관

현관에 좋은 방위이다. 장식품이나 소품은 쌍(雙)으로 놓는 것이 좋다. 방위의 힘을 높이는 데 효과적이다.

매트는 분홍색, 녹파색이 좋다.

가늘고 긴 크리스털 제품이나 금속제 꽃병, 흙으로 구은 그릇 같은 것으로 장식하는 것도 무난하다.

그림일 경우 녹색자연, 숲이 있는 그림이 좋다.

(4) 집의 중심에서 본 남쪽 거실

남쪽은 기획력, 재능을 발휘하는 데 힘이 있는 방위이다.

실내분위기는 차가운 계열의 붉은색 포인트를 주는 방법이 좋다.

소파는 가죽제품, 쿠션은 잔잔한 꽃무늬가 좋으나, 지나치게 화려한 색을 쓰게 되면 경제적(금전적)으로 곤란을 겪게 되니 주의하여야 한다.

커튼도 녹색 계열이 좋다.

소파나 의자는 북쪽을 보도록 앉으며, 의자나 벽지, 장식품은 가능한 한 어두운 회색이나 청색, 황토색으로 장식하는 것이 좋다.

북쪽 벽에 수석(壽石)이나 철, 은 등 금속제 장식품을 배치하는 것도 방법이다.

(5) 집의 중심에서 본 남쪽 침실

침실로는 부적당한 방위이다.

밝고 강렬하며, 화려한 이미지로 수면장애가 되며, 심장병, 안과질환 등으로 고생할 수가 있다.

창조력을 필요로 하는 직업인에게는 유리한 방위이기도 하다.

침착한 느낌이 들도록 집안 내부를 장식하고, 침실을 북쪽으로 옮기거나 침실을 약간 어둡게 한다.

회색이나 검정색 가구를 사용하고, 화분을 북쪽에 두어 남쪽 기운과 조화를 이루도록 한다.

(6) 집의 중심에서 본 남쪽 자녀 방

자유분방하고 개성적인 아이에게 좋은 방위이다.

창조적 학문을 공부, 연구하는 자녀에게 대단히 유리한 방위이다.

그러나 조숙(早熟), 조급한 성격, 방종의 우려가 있으므로 신경을 써야 한다.

침대는 검은색, 흰색 계통을 피하고, 광택이 있는 금속제품을 추천할 수 있다.

침대커버는 연한 녹색, 베이지색이 무난하다.

출입문에서 바라보는 위치에 작은 스탠드나 화려한 화분을 두는 것도 권장할 만하다.

남쪽창의 커튼은 붉은색, 분홍색, 보라색(파스텔톤) 등이 적합하다.

(7) 집의 중심에서 본 남쪽 부엌

남쪽 부엌은 채광이 좋다.

이 방향은 직관력이 높아진다는 장점이 있지만, 지나친 자신감으로 일을 그르칠 수 있다. 예를 들어 주식이나 부동산 투자 실패 등의 부작용을 유발할 수 있다.

불의 기운이 강한 남쪽에 물이 항상 흐르는 싱크대가 놓인 경우라고 생각할 수 있는 형태이다. 정수기, 음료박스 등도 마찬가지이다.

남쪽 부엌 내부의 벽지나 색깔은 회색이나 짙은 군청색으로 처리하고, 커튼은 갈색 계통으로 하는 것이 좋다.

남쪽 부엌에 남쪽으로 창이 있는 경우 회색, 은색, 검은 청색 등의 커튼이나 블라인드를 이용해 남쪽의 기를 약화시키거나 북쪽에 창이 있는 경우 북쪽 창을 자주 열어 환기시키도록 한다.

(8) 집의 중심에서 본 남쪽 화장실과 욕실

남쪽 화장실은 거주하는 사람에게 나쁜 기운을 작용하는 공간으로 작용하기 때문에 피하는 것이 좋다.

창문이 없는 경우 녹색, 베이지색, 흰색, 보라색 위주로 장식하는 것이 좋다. 매트는 흰색과 녹색이 좋고, 목욕용품은 금색 계통이 바람직하다. 즉 전체적으로 흰색, 녹색, 금색 계통을 추천할 수 있다.

꾸밈에 있어서는 남쪽은 반짝이는 것과 잘 어울리기 때문에 욕실 내의 금속제품은 자주 닦아 항상 청결함과 광택을 유지하도록 한다. 이런 의미에서 꽃을 둘 경우에도 스테인리스 제품 화병 같은 것을 사용하도록 하고, 수건, 슬리퍼 등은 흰색, 녹색 등으로 차가운 계열의 색상에 붉은(빨간)색 포인트를 준 것으로 고른다.

4. 북 향

(1) 상 징

태양의 힘이 미치기 어려운 북쪽은 확산과 발전의 속성을 가진 남쪽과 반대되는 의미를 가진다. 태양에너지가 부족해서 차가운 속성상 안으로 축소되고, 응결되는 이미지를 갖는다. 이것은 차분함, 정리정돈, 의연함 등의 긍정적 상징성을 내포하기도 한다.

북향은 오행상 수(水)의 기운 즉, 물의 기운을 갖는다. 흐르는 물뿐만 아니라 물이 얼어 있는 상태도 함께 의미한다.

색상으로는 차가움과 정돈의 의미를 지닌 검은색을 상징하며, 인체로는 신장과 방광, 귀(耳)를 의미한다.

(2) 북쪽에 결함이 없으면 자손이 번성한다

북쪽은 추운 곳으로 사람을 오그라들게 한다.

계절로는 겨울인 12월을 뜻하며, 오후 11시부터 새벽 1시까지이다. 숫자로는 1, 6을 상징한다.

인물로는 둘째아들, 철학자, 승려, 목회자, 외교가로 본다.

인체상으로는 신장, 성기, 방광, 자궁 등 생식기관을 상징한다.

그리고 모임, 식도락, 사귐, 곤란, 낮음, 어두움, 구멍, 가난, 질병, 도적, 고뇌, 화합, 애정, 평화, 생식력 등을 의미한다. 따라서 집의 북쪽에 장점만 있고, 결함이 없으면 식구들은 건강하고, 자손이 번성할 것임을 암시한다.

(3) 북쪽 현관

크게 길흉(吉凶)이 없는 방위이다.

기본적으로 어두운 현관인 경우 신발장 위에 분홍색 또는 따듯한 색 계열의 갓을 씌운 스탠드를 놓는다.

신발장은 어두운 나무색으로 하고, 신발장 위에는 격조 있는 전통 공예품을 두면 좋다.

매트는 둥그런 모양의 꽃 장식이 좋다.

분홍색이나 오렌지색 꽃병도 길상(吉相)으로 좋다.

꽃그림을 걸고 스포트라이트를 설치하면 더욱 좋다.

(4) 집의 중심에서 본 북쪽 거실

북쪽은 되도록 곡선을 강조한 실내분위기가 적절하다.

이 방향의 거실에서 생활하는 사람들은 방위적 특성으로 인해 자신도 모르게 침착해지는 경향이 있는데, 조금은 우울해질 우려도 있다.

벽지나 가구 등은 베이지색이나 황토색, 연분홍 등 자신의 취향에 맞는 색을 골라 장식한다.

커튼은 따뜻한 느낌의 베이지색이나 분홍색 등으로 처리하면 좋다.

북쪽 벽면에 화려한 느낌의 정물화나 동물화가 무난하며, 거실탁자나 가구 등 역시 화려한 꽃이나 화분 등으로 넉넉하게 꾸미는 것이 좋다.

특히 발밑을 관심 가져야 하는데 카펫, 마루에 놓은 화분의 받침 등은 화려하고, 밝게 하는 것이 좋다.

(5) 집의 중심에서 본 북쪽 침실

태양을 받을 수 없는 방위이지만 채광이 안정되어 있다는 장점도 있는 방위이다. 즉, 춥고 어둡다는 일반적인 특성이 있으나 실내의 꾸밈을 통해 태양에너지와 비슷한 기운을 만들어 주도록 한다.

침실에서의 침대는 곡선의 미를 살린 목재로 된 것으로 하며, 따뜻한 색의 패브릭을 선택하도록 한다. 그리고 분홍색이나 오렌지, 빨간색의 악센트가 들어간 침대커버를 사용하도록 한다.

침대 옆에는 오렌지색이나 분홍색 꽃병을 놓으면 더욱 좋다.

조명기구는 금속제나 나무받침이 있는 스탠드, 요소요소에 나름대로 강렬한 빛을 내는 보조조명을 하는 것이 좋다.

태양의 힘이 있는 오렌지, 분홍, 붉은 계열의 그림과 커튼으로 장식하도록 한다.

북쪽 침실은 기를 안정하게 하는 데 핵심이므로 장롱, 전화기, 수납장 등도 가급적 밝은 색깔의 소재를 채택하도록 한다.

(6) 집의 중심에서 본 북쪽 자녀 방

차분한 기운이 감도는 방위로서, 이러한 분위기가 필요한 자녀에게 유용하다.

북쪽의 이러한 에너지가 자연스럽게 자녀에게 전달되어 자녀가 책상으로 향하게 될 것이다.

책상은 나무제품이 좋고, 와인색과 흰색 계열의 소품, 스탠드가 책상 위에 있다면 더욱 좋을 것 같다.

침대는 곡선미가 강조된 목재를 사용하고, 금속제품은 피하는 것이 좋다.

아이가 너무 조숙하다고 판단되면 머리를 남쪽이나 부엌 쪽으로 두고 자도록 한다.

여자아이인 경우 피부염이나 요통, 생리통 등으로 호소한다면 창문에 노란색, 베이지색 커튼을 고려해 볼 수 있다.

커튼이나 패브릭은 분홍, 옅은 청색(블루), 회색이 무난하고, 남자아이인 경우 세로 스트라이프, 여자아이인 경우 꽃무늬가 어울릴 것 같다.

(7) 집의 중심에서 본 북쪽 부엌

북쪽 부엌은 상서로운 방위라고 할 수 없다. 그러므로 실내배치와 소품을 활용하여 탁한 기운을 해소하여야 한다.

쌀통은 동쪽에 두도록 한다. 이는 신선하고 활기찬 에너지를 받기 위함이다.

냉장고, 전자레인지, 오븐 등은 흰색 또는 흰색 테두리가 있는 것이 바람직하다.

식기는 유리제품이 유용하다.

식탁은 각이 진 장방형이 좋고, 분홍색, 오렌지 색상의 큰 꽃(조화 포함)으로 장식하도록 한다.

의자는 앉는 부분에 붉은색 포인트를 준 것이 좋다.

북쪽 창문에는 붉은색 계열의 꽃을 화병 가득히 꽂아두거나, 꽃이 많은 화분을 두도록 한다.

조명등[34)]은 형광등보다는 백열등으로 사용하도록 하고, 부엌가구는 밝고 화려한 색으로 꾸미는 것이 좋다.

(8) 집의 중심에서 본 북쪽 화장실과 욕실

북쪽 화장실은 냉기가 강하거나 환기가 잘 안 되는 특성을 가지고 있다.

북쪽 화장실은 부부 사이의 불화(不和)를 유발하며, 자녀들에게도 나쁜 영향을 준다. 그러므로 목욕을 한 후에는 반드시 욕조의 물을 배수하고, 환기를 충분히 하는 습관을 갖도록 한다.

조명은 둥근 것보다는 사각형의 조명으로 설치한다.

창문이 없는 경우 커튼은 레이스가 달린 것으로 하되, 냄새가 배고 습기를 머금은 직물류는 피한다.

창이 없어 채광이 없을 경우 화장실 꾸밈은 흰색, 오렌지, 분홍색, 보라색이 포함되도록 하고, 목욕용품 역시 이런 색상을 고려하여 선정하도록 한다.

매트는 흰색이 좋고, 수건걸이는 적갈색 계열의 목재가 바람직하다.

---

34) 조명등은 태양을 상징한다.

5. 동쪽, 북서쪽, 북동쪽은 남자의 상징

(1) 북동향의 상징

북동향은 귀문방(鬼門方)이라고도 한다. 동쪽 기운 이전에 그 힘을 준비하는 방위로서 놀라운 변화와 혁신, 혁명의 에너지를 갖고 있다.

오행(五行)상으로는 토(土)의 기운, 즉 흙의 기운을 가지며, 검은색과 녹색, 파란색을 상징한다.

인체로는 손이나 코를 관장한다.

이런 연유로 거실의 북동향에 꽃이 그려져 있는 엽서나 작은 그림을 놓는 것이 좋은데, 이 경우에 북동방향과 잘 맞는 흰색 액자에 끼워서 장식하는 것이 좋다.

(2) 북서향의 상징

북서향의 방위적 시간대는 서향으로 해가 진 후 어두운 밤이 되기 직전(박명 ; 薄明 – 땅거미 지는 시간부터 한밤에 이르기 전까지)까지라 할 수 있다. 따라서 북서쪽은 하루 일의 마무리, 수습, 신성함, 우두머리의 의미를 가진다.

북서향을 오행상으로 보면 금(金), 즉 금속성의 기운을 나타내며, 상징색은 금속같이 차가운 흰색, 은색, 베이지색 등이다.

북서향이 주관하는 신체부위는 머리와 척추 등이다.

(3) 동쪽, 북서쪽이 오목형인 집은 삼가야 한다

남자의 상징자리인 동쪽, 북서쪽, 북동쪽의 오목형은 여자의 상징자리인 서쪽, 남동쪽, 남서쪽의 오목형보다 더 피해야 한다. 특히 동쪽, 북서쪽이 오목형인 택지나 집의 형태는 남자의 양기를 손상시킬 우려가 있으므로 삼가야 한다.

부부불화, 재혼, 사망 등에 영향을 미치므로 나쁜 가상(家相)이라고 한다.

집의 북동쪽을 증축 또는 개축하면 자녀에게, 이와 반대로 남서쪽에 손을 대면 주부에게 나쁜 영향을 준다고 한다.

(4) 북서쪽이 볼록형이면 부하운이 좋다

북서쪽이 알맞게 볼록형인 집에 살면 직장에서는 부하운이 좋다.

가정에서는 가장으로서의 권위가 확립되는 등 리더로서의 구실을 제대로 하게 된다.

반면에 북서쪽이 지나치게 오목하거나 볼록하면 처음에 잘 살지 모르지만, 나중에는 가난해진다고 본다. 또한 주인의 품행이 단정치 못하게 되고, 아내는 몸져눕는다고 한다.

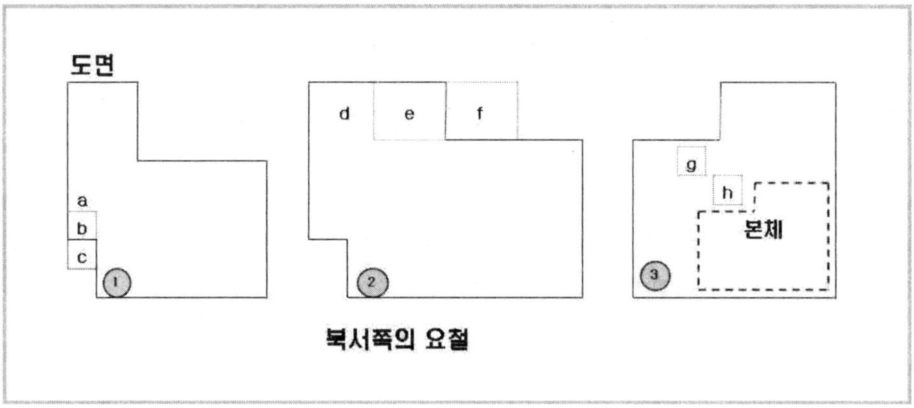

[그림 6]

[그림 6]에서 보는 것처럼 ①의 b, c와 같이 북서·서쪽이 함께 볼록형이면 남서쪽의 오목형을 초래하므로 아내와 이별 또는 사별하는 불상사가 일어나기 쉽고, ②의 e, f와 같이 북서와 북쪽이 함께 볼록형일 때는 장남이 사망하거나 가출하는 일이 생기거나, 아내가 죽고, 후처를 맞이할 집으로 간주한다.

이는 북동쪽의 오목형이 작용하기 때문으로 본다.

또 북서쪽이 심하게 오목형인 집은 남자들의 권위와 능력이 약화되어, 여자들 세상이 되는데 남자들 입장에서 보면 이쪽으로는 약간의 오목형도 없어야 한다.

반면에 ③과 같은 오목형 집은 피부질환, 파산, 수액(水厄)을 당하기 쉽다.

만일 부귀를 누린다 해도 단명하거나, 노년이 되어 고혈압이나 저혈압으로 고생한다. 또 아들은 아버지와 잘 싸우고 반항하다가 가출하여 타향에서 살게 되고 주인은 여지들에게 잘 속아 방탕해져 가산을 잃게 되는 가상이다.

(5) 가장(家長)의 역할은 북서쪽이 좌우한다

북서쪽, 건방(乾方)의 상징을 오행(五行)으로 살펴보면 금성(金性=陽金)이며, 계절적으로는 늦가을에서 초겨울에 해당한다.

이 방위는 하늘의 상징 이외에도 황제, 대통령, 수상, 사장, 아버지, 남편 등의 인물을 싱징하며 모든 남성을 대표한다. 또 운동, 전진, 다망(多忙), 강건 등의 뜻으로도 해석한다. 따라서 다음과 같은 사례에서 보여주듯이 북서쪽은 가장의 생활을 의미하기도 한다.

1) 알코올 중독자가 생길 우려가 있는 형상

북쪽과 서쪽에 툭 튀어나온 형태의 집이면서 동쪽에 화장실이 있고, 마루(거실)나 복도는 남쪽에 있으며, 하수구가 북쪽에 있는 집의 주인은 알코올 중독자가 많다.

2) 이혼 또는 사별할 가능성이 있는 형상

북서쪽이 심하게 들어간 형태의 집이면서 북서쪽에 화장실이 있으면 남편(남자)의 건강이 좋지 않다. 이 경우 남편은 위신이 안 서게 되어 아내에게 경멸당하고, 무능에 빠지기 쉽다. 그런가 하면 남편과 이별 또는 사별하게 되는 수도 있다.

3) 바람기와 주벽이 우려되는 형상

북서쪽과 남쪽이 심한 볼록형의 집은 남편이 주색잡기 출입이 잦을 수가 있다. 따라서 바람기가 있거나 주벽(酒癖)이 심한 남편이라면 집의 북쪽과 서쪽 즉, 북서쪽에 결함이 있는지를 살펴볼 필요가 있을 것이다.

4) 가정과 자신에게 충실할 수 있는 형상

북서쪽이 알맞게 튀어나오고, 거기에 화장실이 없는 집은 남편이 아내에게 애정을 쏟으면서도 자기 할 일을 충실히 한다.

(6) 북서쪽 방위를 세 주면 주인집 가세가 기울어진다

집의 일부를 세(賃貸) 놓을 때 북서쪽은 셋방을 빌려주지 않는 것이 원칙이다.

북서쪽은 가상학(家相學)상 집주인의 자리, 우두머리 자리, 거룩한 곳으로 해석하는 곳이다. 만일 세를 든 가족이 북서쪽의 방을 쓰게 되고, 그 셋집 세대주가 시운(時運)이 강하다면 집주인 쪽 가세(家勢)가 기울어 마침내 셋방살이 하던 사람이 집주인이 될 사태가 생기기도 한다.

그리고 가게와 살림을 한 건물에서 하는 집일 경우 면적으로 보아 가게 쪽이 크면 이혼 확률이 높은 것으로 간주한다.

6. 남서쪽은 여성을 상징

(1) 남동쪽의 의미

동향의 힘찬 출발의 기운과 남향의 불의 기운이 어우러져 혼합된 남동향은 따뜻함과 생기를 불어넣는 방위이다. 이런 의미에서 새로운 시작, 인기, 연애, 대인관계, 여행 등의 의미를 가진다.

그리고 재물을 모으고 싶다면 남동향에 붉은 소품을 두어 보자.

남동향은 오행(五行)상으로는 나무(木)의 기운을 가지며, 상징하는 색상은 붉은색(빨간색), 파란색, 자주색이다.

인체에서는 쓸개와 고관절, 허리를 상징한다.

(2) 남서쪽의 의미

남서향은 북동향과 같은 귀문(鬼門) 방위이다.

서향에서 해가 지기 전, 그 태양의 힘을 모아 간직해 두는 방위로서 미래를 위한 저축과 인내, 준비, 모성애의 의미를 지닌다.

이 남서향은 오행상으로 보면 흙(土)의 기운을 지닌다.

색상으로는 붉은색, 베이지색이다.

신체부위로는 내장의 모든 기관인 복부와 위장을 관장한다.

(3) 남서쪽은 여성을 상징

남서쪽은 여성을 상징하는 사문방(死門方)이라 한다.

만물의 어머니를 땅으로 보고, 그 땅의 상(相)을 집약하여 상징하는 것이 곤(坤)이며, 방위로는 남서쪽이다.

더위에 약한 여성들이 생리와 결부시켜 이 남서쪽을 여귀문 또는 사문방(死門方)이라고도 부른다. 이 방위의 상징은 어머니, 주부, 처, 여인 등을 의미하지만 총괄적으로는 여성을 의미한다.

인체상으로는 비장과 위, 복부 전체, 오른손, 배꼽 등을 의미하는데 가운데 발가락의 첫마디에 해당한다.

계절적으로는 늦여름과 초가을을 상징하며, 달로는 7, 8월, 시간으로는 오후 1시부터 5시까지를 말한다.

이런 연유로 서쪽 또는 남서쪽이 트인 집은 대개 남자가 병약하거나, 무능하기 쉽고, 남서쪽의 부엌은 여자가 경제적인 권한과 의무를 지닌 편이 대체로 많다. 즉, 여성이 가장 역할을 하는 경우가 많다.

서쪽에 볼록이 심하고, 동쪽에 화장실이 있는 집은 아내가 기승하여, 남편이 공처가가 되기 쉬우며, 결국에는 이혼 확률이 높은 집으로 본다. 반대로 서쪽에 오목이 심하고 남쪽에 화장실이 있는 집은 난산하기 쉬운 집이다. 따라서 남서쪽에 볼록이 심하고 남쪽이 같이 볼록한 집으로서 이곳에 부엌이 있는 집은 아내의 강한 운세와 성격에 억눌려 남자가 먼저 사망하여 여자가 과부가 될 집으로 간주한다.

그런가 하면 서쪽이 알맞게 볼록하면 현모양처가 사는 경우가 많고, 장수할 수 있는 집으로 본다. 또한 남서쪽이 알맞게 조금만 튀어나오고, 서쪽에 결함이 없는 집에서는 주부가 건강하며, 애정이 깊고, 참을성이 많으며, 주위사람들에게 항상 친절하여 집안을 일으킬 수 있는 내조형 주부가 나온다고 한다.

또 서쪽이 알맞게 튀어나오고 서쪽 벽에 창문이 없거나, 설혹 있다고 하더라도 작은 중창의 집에서 거주하는 주부는 현금이 손에서 마를 날이 없고, 사교술이 뛰어나고 능란해질 가상이라고 한다.

5 패철과 음양오행

가상의 길흉을 측정하는 패철(佩鐵)[35]은 음양오행(陰陽五行)[36]의 팔괘에서 시작된다. 음양오행은 풍수지리설과 더불어 택지선정과 외부공간의 설정에 있어서 중심적 요소로 사용되었다.

하나의 건물도 생명이 있는 것으로 이것이 단지 인간의 필요에 응하는 물질로 보는 것이 아니라 건물 역시 자연이나 인간과 같이 음(陰) 또는 양(陽)의 생명체로서 한 공간을 이루는 합동체로 인식하게 된다. 따라서 건물 역시 자연과 조화되게 건축되어야 하며, 건물을 배치함에 있어서도 이같이 조화를 가장 중요시했던 것이다.[37]

---

35) 패철의 기본적 원리는 지구의 자기장에 있는데, 이는 자석을 이용하여 남북을 정확하게 파악하여 사정방위(四正方位)와 사우방위(四隅方位)를 측정한다.

36) 태극(太極)의 원(元), 일기(一氣)에서 음양으로 나누었으니(태극이 통하여 양을 생하고, 정(精)하여 음을 생하니 음양이 나뉘진 것을 양의(兩儀)라 한다.
음양이란 어둡고 그늘진 것을 음으로, 밝은 것을 양으로 칭한다.
또 음양을 표현하는 데는 갖가지 구분이 있는 것이니 상(上)은 양(陽)이요, 하(下)는 음(陰)이며, 천(天)은 양, 지(地)는 음, 남자는 양, 여자는 음, 높고 솟은 것은 양, 낮고 함(陷)한 것은 음이라 하는 등 헤아릴 수 없이 음양의 구분이 많다.
그리고 천간(天干),지지(地支) 방위(方位), 색(色) 등 주로 역리(易理)에 따른 음양이 있다.
또한 오행(五行)은 수(水), 목(木), 화(火), 토(土), 금(金)을 말함이니 우주만유가 오행의 종류로 이루어지지 않은 것이 없다. 즉 우주공간에는 수성,목성, 화성, 토성, 금성 등 오행의 별들이 전개되어 있고, 지상에서는 수성으로는 하천, 강, 바다, 우로(雨露) 등의 수계(水界)가 있으며, 목성으로는 식물계가 있고, 화성으로는 태양, 불 등의 화계(火界)가 있고, 토성으로는 토계(土界), 금성으로는 금(金), 석(石) 등의 금계(金界)가 있다.
그리고 오행은 오기(五氣)의 작용이 있어 수기(水氣)는 만물을 낳게 하고, 목기(木氣)는 만물의 형태를 형성하게 하며, 화기(火氣)는 만물을 자라게 하며, 토기(土氣)는 만물의 형태를 보전하게 하고, 금기(金氣)는 만물을 굳게 한다. 따라서 우주만유가 수, 목, 화, 토, 금 즉 오행(五行)에 속하지 않는 것은 하나도 없다.

37) 정용호, 주택이론에 따른 양택 계획에 관한 연구, 연세대학교 산업대학원 석사학위논문, 1988, pp. 16-22.

음양(陰陽)은 서로 대립적이면서도 서로 도와가며 만물을 형성해 가는데 음이 또 다시 음과 양으로 분리되고, 양 역시 음과 양으로 분리되어 사상(四象 ; 태음, 소양, 소음, 태양)을 만들고 사상(四象)은 다시 만물을 형성하는 과정에서 음양으로 분류되어, 태음은 곤(坤)과 간(艮)으로, 소양은 감(坎)과 손(巽)으로, 소음은 진(震)과 이(離)로, 태양은 태(兌)와 건(乾)으로 분류되어 팔괘(八卦)를 형성한다. 이 팔괘가 우주의 기본구조이며 우주만상의 상대성원리인 것이다. 그러나 천태만상의 우주조화를 이 팔괘만으로는 모두 설명할 수가 없어 다시 괘(卦)끼리 음양조화를 이루어 64괘를 만들어 우주만물의 생성과 소멸을 비롯하여 순환 변화과정을 설명하고 있다.

이와 같은 음양의 변화과정은 오직 목(木), 화(火), 토(土), 금(金), 수(水) 오행의 상생상극(相生相剋)의 작용에 의해서 이루어진다.[38)]

〈표 3〉 오행의 상생과 상극

오행의 상생		오행의 상극	
화생토(火生土)	불나면 재는 흙이 된다.	화극금(火剋金)	불은 쇠를 녹인다.
토생금(土生金)	땅에서 광물질이 난다.	금극목(金剋木)	쇠로 나무를 절단한다.
금생수(金生水)	쇠는 차가워 수분이 나온다.	목극토(木剋土)	나무는 땅에 뿌리를 내린다.
수생목(水生木)	나무는 물을 먹고 산다.	토극수(土剋水)	흙으로 물을 막는다.
목생화(木生火)	나무는 불을 낳는다.	수극화(水剋火)	물로 불을 끈다.

출처 : http://www.poongsoojiri.co.kr 정통풍수지리.(2009년 10월 22일)

38) http :// www.poongsoojiri.co.kr 정통풍수지리.(2009년 10월 22일)

이러한 작용을 알기 위한 패철(佩鐵)의 모양과 사용법은 다음과 같다.

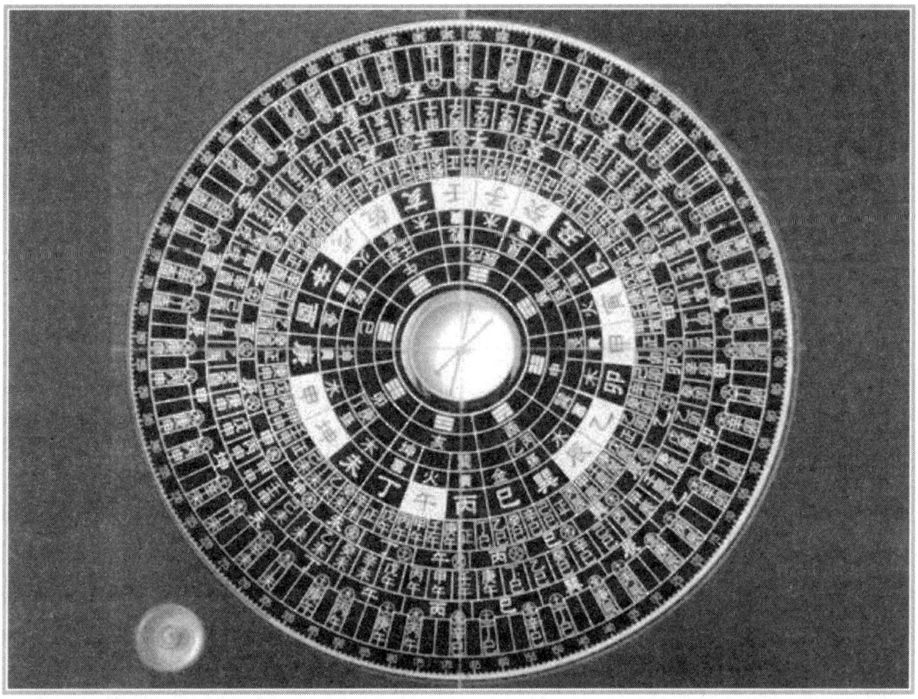

[그림 7] 패철(나경)

기존에는 패철을 주로 묏자리를 알아보기 위한 음택풍수의 도구로 사용하여 왔으나, 근래에 들어서 양택풍수의 가상을 알아보기 위해서 많이 이용하고 있다.

1. 아파트에서의 패철 사용

현재 많은 사람들이 아파트나 독립된 구조물(건물, 원룸 등)에서 생활하고 있다. 이러한 구조물 아래에서는 패철을 구조물의 중심점에 고정시킨다. 즉 아래 [그림 8]과 같이 8방위[39]의 교차지점에 고정한다.

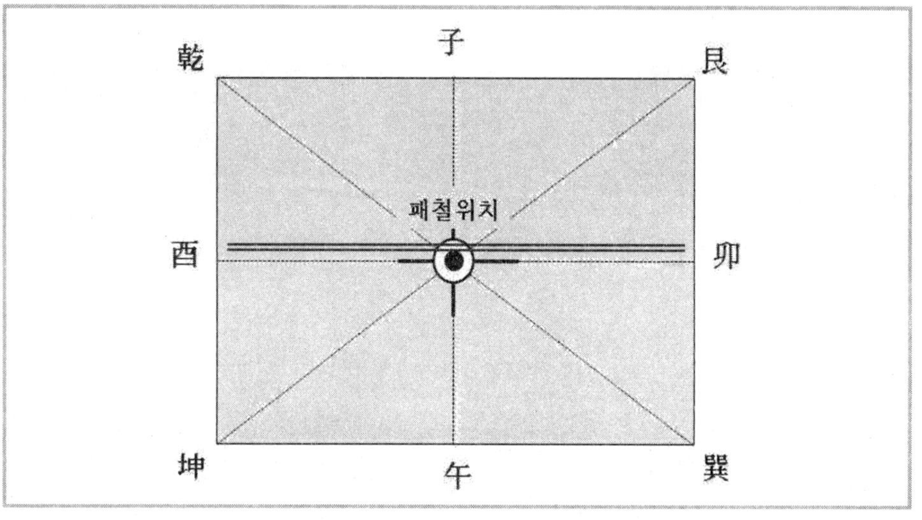

[그림 8] 패철 사용

2. 단독주택에서의 패철 사용

단독주택에서는 독립된 구조물과는 달리 건물의 중심점에 패철을 고정시키지 않고 [그림 9]와 같이 대지면적[40]의 중앙에 고정한다.

39) 사정방위(동서남북(東西南北)), 사우방위(건곤간손(乾坤艮巽))
40) 대지와 건물의 면적은 3 : 4의 비율이 적당하며, 이는 건물과 대지의 합이 7이 된다는 것을 의미한다.

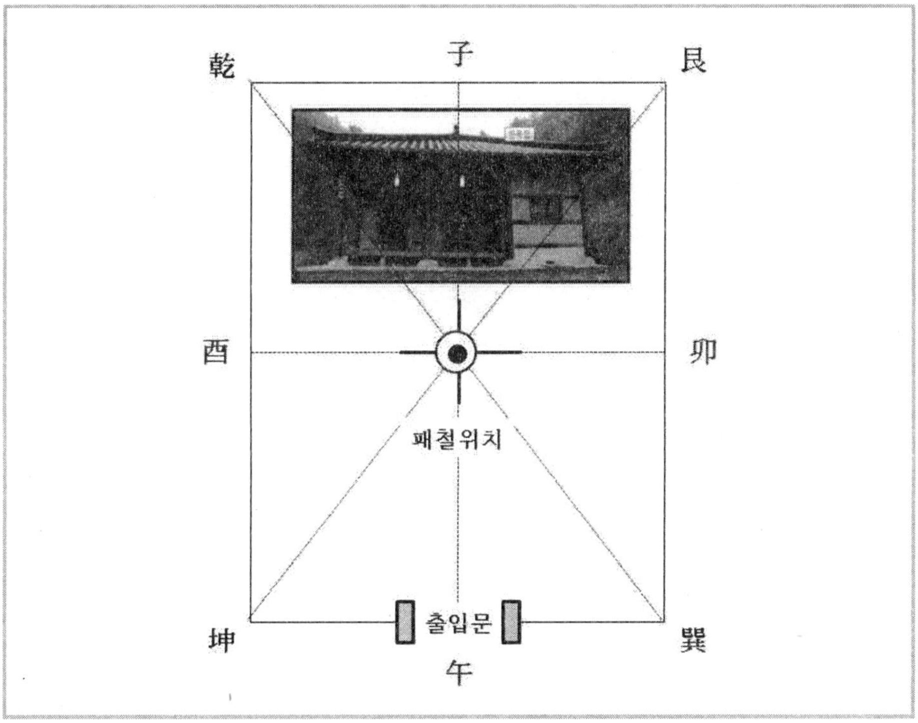

[그림 9] 패철의 위치

“하늘과 땅 그리고 바람과 물”
이들이 서로 잘 어우러진
어머니 품 같은 대지 위에서
우리는 살아가고 있습니다.

우리 땅 곳곳을 다니며
산의 생김이나 물의 흐름을 배우기 위해
이 자리를 마련했습니다.

바람이 머물고,
물이 흘러가는
아름다운 우리 국토의 풍경을 함께하며,

자연과의 조화로움,
아름다움과 기운을
매일 매일 삶 속에서
누리기를 바라면서 말입니다.

제 IV 부

도시와 풍수

1 도시계획

도시는 인간의 역사와 함께 생성되고 성장되어 왔다. 또한 대부분의 사람들이 삶을 영위하기 위한 공간으로 도시를 이용하고 발전시켜 왔으며, 이러한 도시의 주요 구성요소 중 하나는 주택임은 두말할 필요가 없을 것이다. 이에 도시와 주택을 도시계획과 풍수지리학의 양택풍수(陽宅風水)에 기초하여 살펴보기로 한다.

풍수지리(風水地理)는 땅이 지니고 있는 생명(生命)의 질서에 인간(人間)이 품고 있는 생명(生命)의 논리(論理)를 적용시키고자 하는 우리들 고유의 지혜(智慧)이자 문화(文化)이며 또한 우리의 전통 지리학(地理學)으로서 도읍·촌락·주거·묘지 등의 입지와 그 공간구성에 있어서 막대한 영향력[41]을 행사하여 왔다.

따라서 우리는 태어나고 자라면서 풍수지리(風水地理)와 함께 생활해 왔으며 선조들의 경험과 노력을 통하여 생기(生氣)가 충만한 명당(明堂)을 찾을 수 있는 지식(智識)을 얻게 된 것이다.

이러한 사상체계는 오늘날 도시계획(都市計劃)에 있어서도 풍수의 원리가 무의식적이기는 하지만 상당부분 영향력을 미치고 있다.

아무리 작은 것일지라도 공원과 가로수가 서 있는 도로는 기(氣)를 불러오기 때문에 주민들에게 이로우며, 강이 내려다보이는 아파트나 사무실, 정원 또는 발코니, 남쪽으로 개방된 공간이 역시 좋다고 하는 것이 이를 반증해 준다.[42]

풍수지리는 자연조건인 공기(風), 물(水) 및 토지(地)의 이치를 규명하여 인간과의 관계를 논하는 것이다. 과거 우리 전통사회의 주거입지 선정(住

41) 최창조, 《한국의 자생풍수 I》(서울 : 민음사, 1997), p. 520.
42) 김태형·이성호, GIS에 GRID와 AHP를 이용한 Geoprocessiong에 관한 연구, 부산대학교 도시문제연구소, 도시연구부 제12호, 2002, p.13.

居立地選定)에 있어 기준이 되어 왔던 풍수지리의 적용원리와 주요 선정 요소는 현대사회에 있어서도 주거입지 선정의 근간(根幹)을 이루고 있다.

풍수지리는 인간이 생활하는 자연환경 속에서 양질의 생명에너지를 공급받기 위해, 그러한 생활환경의 터전이 어떻게 자연과 잘 융화되고 조화할 수 있는가를 합리적·선택적·경험적으로 가려잡는 전통적 사고이다.

한편, 주거입지론은 입지주체(立地主體)가 추구하는 주거입지요인을 갖춘 토지를 발견하는 것을 말하며, 때로는 주어진 부동산에 관한 적정한 용도를 결정하는 역할도 포함하고 있다.[43]

따라서 기존의 풍수지리와 주거입지론은 인간에게 주어진 일정한 공간을 효율적인 이용이 가능하도록 하는 것으로서, 학문적 접근방법의 차이는 있으나, 목표에 있어서는 동일한 것이다.

도시는 인간활동의 집적지로 재화와 서비스의 생산, 유통, 판매, 소비활동이 대량으로 이루어지는 공간으로 볼 수 있다. 이러한 활동은 단순히 공간의 개념을 넘어 인간 삶의 한 형태로 도시의 성장과 발전에 중요한 영향을 주며 새로운 수요를 창출하고 있다.

과거 신석기 시대부터 농업혁명을 통해 토지의 비옥도가 높은 지역과 수로를 이용할 수 있는 강을 중심으로 도시는 태동하였고, 17세기 산업혁명 이후 도시산업활동이 용이한 지역을 중심으로 도시공간이 확대되고 성장을 이루었다.

결국 도시계획은 다양한 인간활동의 중심지인 도시를 중심으로 도시공간에 활동하는 사람들을 위해 도시환경을 새롭게 바꾸고, 발전시키는 일종의 계획으로 도시사회의 사회적·경제적 발전을 그 목적으로 하고 있다.

도시계획은 주로 공공부문에서 계획·결정하며, 도시계획 분야에 포함된 정보와 지적, 분석, 예측과 설계 등 특수한 기능을 포함하고 있으며, 별도의 전문기술 분야로 인정받고 있다.

---

43) 이원준, 《부동산원론》(서울 : 박영사, 1994), p. 432.

모든 나라에서 동일한 기준으로 도시를 설계하고 계획하는 것이 아니라 그 나라가 가지고 있는 개념과 전통, 이론의 총체적 집합으로 그 나라 혹은 지역의 고유한 양식을 계승 발전해 나가는 일종의 사회운동으로 보는 견해도 있다.

이와 같이 다양한 견해 즉, 도시의 환경을 풍요롭고, 살기 좋은 도시 공간으로 만들기 위한 기술적 접근과 도시 자체를 하나의 이념적으로 간주하고 도시가 가지고 있는 고유성과 정체성을 적극 활용하여 각 나라 혹은 지역별로 도시계획을 장기적 계획하에 현재까지 이용하는 노력을 보이고 있다.

특히 우리나라는 과거 풍수지리학적 접근방법으로 도시계획을 실시했다는 점에서 다른 도시들과의 차별성을 띠고 있으며, 자연과 인간은 하나라는 풍수지리학적 접근방법을 적극 활용하면서 도시계획을 실시하였다.

고려시대의 수도였던 개성은 북쪽의 천마산 · 국사봉 · 제석산, 동북쪽의 화장산, 동남쪽의 진봉산, 서북쪽의 만수산 등의 산으로 둘러싸여 있다.

개성의 서쪽으로는 예성강이 황해로 흐르며, 동쪽의 임진강과 동남쪽의 사천은 한강 하류와 만나서 역시 서해로 흘러나감으로써 국내는 물론이거니와 외국과의 교역중심지였던 벽란도가 있었던 천혜의 해상수송로였다.

또한 개성 주위에는 예성강 유역의 신광(新光) · 연백(延白) 평야, 사천강 유역의 사천평야, 임진강 하류의 장단(長端) 평야, 한강하류의 풍덕(豊德) · 김포(金浦) 평야 등 넓은 농경지가 있어서 경제생활에 필요한 물자를 충분히 확보할 수 있었다.

이렇듯 개성은 지리적으로 산으로 둘러싸여 방어에 유리하였고, 편리한 해상 교통로를 가졌으며, 비교적 풍부한 평야지대를 끼고 있어서 수도로 정하기에 적합한 지역이었다.

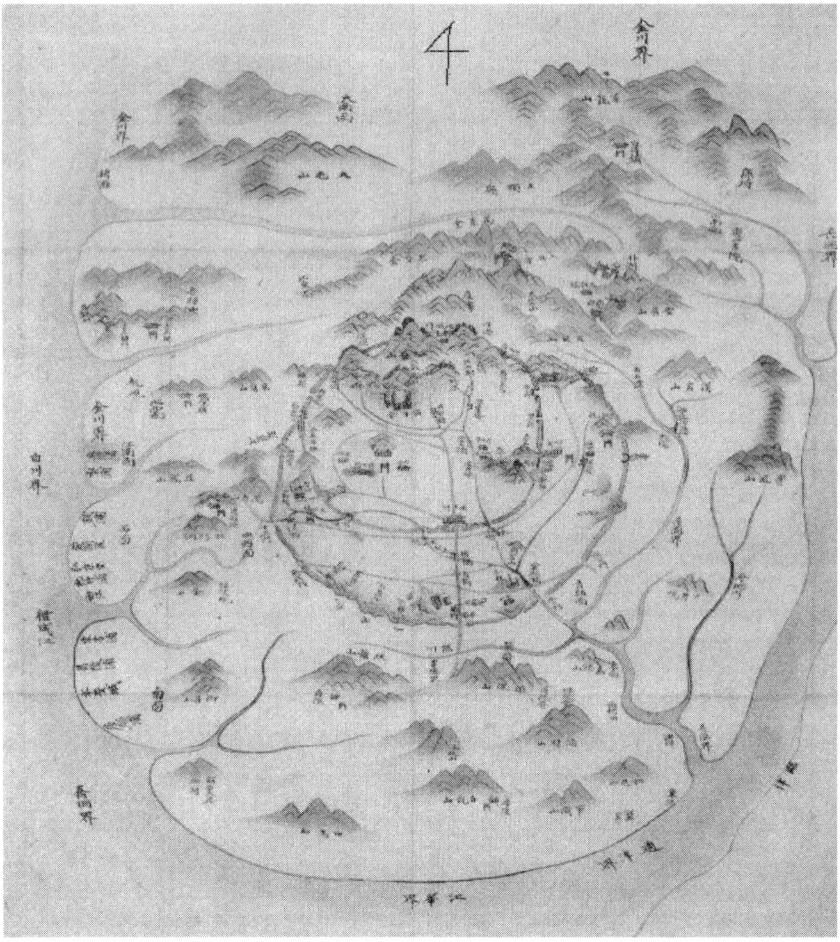

[그림 10] 고려 개성 도시계획도

조선시대 한양 천도는 태조의 조선의 개국과 함께 새 도읍의 건설을 강력히 추진하였으며 천도후보지 결정은 풍수지리에 근간을 둔 수도 이전이었다. 1939년 태조가 한양 천도를 명한 후 13년에 걸친 도읍지 결정에 다양한 논쟁이 야기되었으며, 특히 이 당시 계룡산, 무악, 개성 고수 등 다양한 논쟁의 핵심은 풍수지리에 근거한 지역의 논쟁으로 정리할 수 있다.

그 당시 한양 천도를 주장했던 대신들의 주요 풍수근거는 풍수지리상 개성 다음가는 훌륭한 자리인 한양은 땅의 기운이 매우 왕성하며, 수운과 물자 수송이 유리함과 동시에 국토의 정 중앙부에 위치하여 국방상, 외교상 그리고 지리적 우수성이 다른 지역에 비해 월등히 높다고 주장하였다.

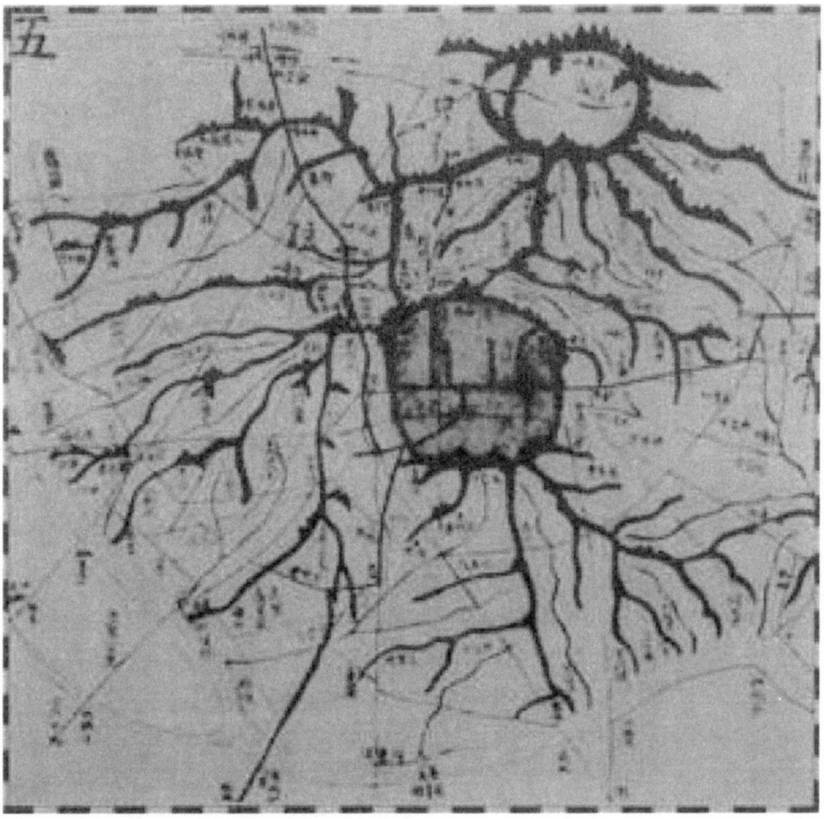

[그림 11] 한양천도도시계획도

출처 : 최창조, 《한국의 자생풍수 I 》(서울 : 민음사, 1997), p. 520.

단순히 과거로부터 현재까지 풍수는 우리 도시계획의 발전의 사상적 개념을 제공하였으며, 대자연인 환경과 생활의 조화를 목표로 도시계획을 계획하였다. 그러나 이러한 개념들은 도시의 팽창과 공간적 이용가치의 변화로 과거의 개념과는 다르게 적용되고 있으며, 과거 산의 역할을 고층건물이나 고층 공동주택이 대신하고, 강물의 역할을 도로나 길이 하고 있다는 점에서는 역할만 현대적 특성에 맞게 변화되었다고 할 수 있다.

전통적으로 산과 아파트, 고층건물은 양(陽)의 기운을 가지고 있다고 보며, 강과 도로는 음(陰)의 기운으로 산과 강, 고층건물과 도로에는 왕성한 자연의 기가 흘러넘쳐 음과 양의 조화를 이룬다고 볼 수 있다.

2 도시의 명당

김승완은 박사학위논문에서 대부분의 경우 도시가 들어선 곳 자체가 명당이기에, 그렇다는 전제 아래 다각도의 실증적 사례분석 결과를 제시했다.

주택입지 선정에 있어서 풍수에 대한 인지도 조사 결과, 조사 대상의 91.8퍼센트가 풍수의 적용 가능성을 찬성하거나 반대하지 않았다. 주택가격 결정에 있어서 풍수의 적용 가능성에 대한 인지도는 89.7퍼센트가 긍정적으로 나타났다.

한편 주택 내부 구조에 풍수를 적용하는 데 반대하는 비율은 5.7퍼센트에 불과했다. 이 점은 의외인데 아마도 홍콩에 유입되어 주로 미국에서 한때 유행했던 소위 '인테리어 풍수'의 영향이 아닌가 싶다.

결론적으로 김승완은 "주택입지에 대한 풍수의 적용 가능성은 실증적으로 높게 나타났으며, 이는 앞으로 주택입지 정책에서 풍수의 적용 필요성이 그만큼 높아지고 있다"고 보았다. 풍수를 현대적으로 변용시킨다면 충분히 가능한 결론이다. 문제는 어떻게 변용시킬 것인가인데, 이에 관하여 풍수 본질상 구체적인 설계상의 현실적 대응 방안보다는 주택에 대한 사고방식과 의식구조의 풍수적 전환에 초점을 맞출 수밖에 없다는 것이 현재로서의 한계일 것이다.[44]

서울에서는 대표적인 명당으로 안국동 일대를 들고 있다. 안국동 일대(계동, 가회동, 화동)는 거시적으로는 경복궁의 좌청룡인 낙산 자락에 자리 잡고 있으며, 좌청룡의 큰 줄기는 낙산이지만, 미시적으로는 낙산 안쪽에서 다시 여러 갈래의 소청룡(小青龍) 소백호(小白虎)로 분화되면서 그 안에 살기 좋은 명당자리를 형성하고 있다.

---

44) 최창조, 《도시풍수》, (서울 : 민음사출판그룹, 2007), p. 54.

조선시대 서울의 양반들이 모여 살았던 북촌(北村)이 바로 이 청룡 자락 내에서 여러 갈래로 갈라진 소청룡 소백호에 앉아 있는 동네다. 역대로 서울의 명사들이 이 줄기에 살았다. 이 일대는 내청룡(內靑龍)으로서 현대 본사를 이어주고 있다면, 내백호(內白虎)로서 감사원 쪽에서 정독도서관, 소격동, 미대사관저, 한국일보, 인사동까지를 들 수가 있다.

한편 강환웅 대한풍수지리학회 이사장은 서울 종로구 북악산 아래 성북동과 명륜동 일대가 "삼각산에서 지기(地氣)를 받아 모은 주산(主山)인 북악산 혈맥이 뻗어 내려온 중간지역이면서 맞은편에 남산이 위치해 재운과 명예운이 새어나가는 것을 막듯이 안아주고 있다"고 했다.

또 북악산, 남산 사이에 청계천이 흐르고 있어 배산임수를 만족시키는 최고 주택지라는 것이다. 북악산 산자락이 뻗어 내려오는 끄트머리에 위치한 한옥마을인 가회동과 전통적 부촌인 평창동 역시 좋은 지세를 가진 명당주거지로 꼽혔다.

그는 "땅에서 올라오는 양기(陽氣)를 받고, 아래에서는 습한 물기운인 음기(陰氣)가 올라오면 공기가 자연스럽게 순환되는 것이 대기의 원리" 라며, 방이 덥기만 하고 습기가 없으면 감기에 걸리기 쉬운 것과 마찬가지"라고 설명했다.

양택풍수는 음과 양의 조화가 핵심이다.

주택지 인근에 가장 큰 산인 주산(主山)은 모든 에너지를 공급하는 여자에 속하고, 맞은편에는 에너지가 새는 것을 막고 순환시키는 남자 격인 안산(案山)이 위치하여야 한다. 그 사이에 강이 흐르는 곳 앞이 길지(吉地)에 해당하며 이곳이 여성 인체에서 에너지가 집중되는 '자궁'위치와 이른바 다를 것이 없다는 것이다[45].

한편 서울의 명당이 안국동이라면 부산에서는 부전동을 들 수가 있을 것이다. 부산광역시 부산진구 부전동은 예로부터 좋은 입지조건을 갖춘 곳으로 손꼽힌다.

부전동의 위치를 본다면 부산진구 진산인 금용산에서 좌청룡으로 내룡

45) http://media.daum.net/nms service/news/2010.2.12

하는 화지산은 부전동을 감싸안고 있다. 또한 부산 앞바다는 천연적으로 백호를 형성한다. 특히 길지를 형성한 부전동의 지세는 옛날 천년학이 동천강에서 노닐고 더 샾 센트럴스타의 부지는 천년학이 산란할 알을 품는 '천년학 귀소포란형'으로 길지라는 평가다[46].

[그림 12] 부산시 부전동 더 샾 센트럴스타의 부지
출처 : http://blog.naver.com/residen/110073628043

46) 부전동에 위치한 더샾 센트럴스타는 배산임수 위치에 있어 사람들이 장수와 명예를 드높이고, 재산형성의 길지라는 평가다. 이 부지는 앞으로 동천이 흐르고 뒤로는 산이 펼쳐져 있어 재물과 복이 모이는 터라는 것이다.

3 건 물

“건물은 도시를 이루는 나무다. 도시는 그 나무들이 이룬 숲이다. 그 아름다운 숲이 없이, 되바라진 나무인 건물 자체의 모양은 무엇이 그토록 중요한가. 이제는 정말 가자. 함께 가자. 아름다운 숲의 시대로.”

건축가 서현의 이 표현은 중요한 시사를 던져준다. 도시를 숲으로 표현한 서현이 건물을 도시의 나무라고 한 것은 정말 아름답다. 건축가답게 거리의 역사와 상징성에 걸 맞는 되바라지 않은 건물이 들어선다면 건물이 나무가 될 수 있다니 서현은 시인의 감성을 지닌 건축가인가보다. 그런 건물로 숲을 이룬 도시는 현대의 명당이 될 자격이 있다.

[그림 13] 세종로

세종로 이순신 장군의 동상이 외롭다고 한다. 그렇다. 그 거리에서 맛있는 군밤과 햄버거를 살 수도 있어야 한다고, 그래야 ‘우리’의 거리라고도 한다. 그렇다. 그런 거리라면 정감이 넘친다. 거기서 무슨 일이 벌어진다면, 우연히 미래의 아내를 만나게 되거나, 황혼 무렵 탐스럽게 갑작스런 첫눈이라도 만나게 된다면 그곳은 우리에게 아름다운 추억으로 남겨질 것이다. 그런 곳이 바로 현대 도시가 갖추어야 할 명당의 조건이다.

첨단기술의 집합지인 경기도 성남시 판교테크노밸리. 한창 공사가 진행 중인 이곳에서 이색적인 모습이 눈에 띈다.

대기업 계열의 IT회사가 입주할 터에 지반공사를 끝내고 비밀리에 커다란 돌거북 4마리를 들여온 것이다. 상징 조형물이라면 1~2개로 충분할 텐데 4개나 들여온 건 다름 아닌 풍수 때문이다.

돌거북의 용도는 주춧돌이다. 건물을 올릴 네 귀퉁이에 정성스레 돌거북을 묻어 놓고 그 위에 기둥을 세웠다. 건물의 설계단계에서 저명한 풍수지리학자에게 용역을 주어 사옥 터의 지기(地氣)를 보충하는 가장 좋은 방법이 무엇인지 조언을 구한 결과 이 방식을 택한 것이다.

첨단기술이 일상생활의 한부분이 된 오늘날 한국을 대표하는 대기업을 비롯 금융권, 건설사 등에서도 건물을 지을 때 여전히 풍수지리를 중시하고 있는 것이다.

자연을 극복대상으로 생각하는 서양과 달리 동양에서는 자연에 순응하며, 상생(相生)하는 것이 풍수의 기본철학이다.

우리가 인정하던 인정하지 않던 이미 우리 삶속에 고스란히 녹아있다.

이사를 하거나 집을 새로이 단장할 때, 묘지를 쓸 때는 물론 기업 본사 사옥, 공공기관 청사를 지을 때, 입지는 물론이고 건물배치까지 풍수를 고려하는 경우는 흔하다.

실례로 S그룹의 서울 종로구 서린동 본사 사옥도 풍수지리와 연관이 많다. 故 최00 회장의 결심으로 1999년 완공한 사옥 입구에는 특이한 문양이 있다.

건물 밑 네 기둥에 거북발 모양과 함께 청계천 방향 정문 앞에는 머리를 상징하는 검은 돌에 하얀 점이 8개 찍혀있고, 종로 방면 후문 현관 앞에는 거북꼬리에 해당하는 삼각모양 문양이 새겨져 있다. 한마디로 S-빌딩이 '큰 거북'모양인 셈이다.

청계천 방면 머리 부분의 검은 돌에 새겨진 하얀 점 8개는 '하늘 천(天)'을 형상화 했다.

고대소설 《숙향전》에는 이마에 '천(天)자'가 있고, 발에는 '왕(王)자'가 새겨진 거북이 등장하는데 건물 정면 거북머리에 '天'자 문양을 새긴 건 S그룹이 국내기업의 선두에 있음을 상징한 조형물이란 평가이다.

또 서린동 건물부지는 풍수적 시각에서 보면 불기운이 강한 곳이라 불기운을 누르기 위해 '물 기운'으로 비보(裨補 : 약한 기운을 막아 주는 것)를 해야 했고, 이 때문에 '물'을 상징하는 거북을 집어넣었다는 것이다.

S그룹 관계자는 유동인구가 많은 종로가 아닌 청계천 방면으로 정문을 낸 것도 물 기운을 확실하게 받기 위해서였다고 한다.

한편 30여년 동안 태평로 시대를 마감하고, 2008년 본사를 서울시 서초동으로 옮긴 S그룹의 S타운도 풍수지리와 무관하지 않다. S타운의 터는 관악산에서 발원하여 우면산을 거쳐 뻗은 지맥(地脈)으로 지세가 남쪽(우면산)과 동쪽(역삼역 일대), 서쪽(법원 일대)이 높고, 북쪽에 낮아 물이 한강으로 흘러가는 터인데, 이곳은 여러 계곡에서 물이 고였다가 천천히 나가는 지역이어서 재물이 모이는 터라는 것이다.

사무실 역시 풍수지리사상을 고려해 배치하였다.

S물산은 사장 집무실을 최고층(32층)이 아닌 19층에 배치하였는데, 이는 지기(地氣)와 관련 있다고 한다. 19라는 숫자는 풍수적으로 '둥근원', '완전함'을 의미하는 것이어서 이곳에 사장이 있어야 지기를 누르고 사세를 펼 수 있다는 설명이다. S물산은 내부 사무실도 아래쪽(8~24층)는 땅과 관련된 일이 많은 건설부문을 배치하고, 위쪽(25~33층)은 상사부문을 배치하였다.

물론 2008년까지 S그룹이 사용하였던 태평로 본관도 풍수지리와 무관하지 않다. S그룹은 설립자 故 이00 회장시절부터 사옥용 터를 정하거나 이전할 때 풍수를 중요시 했다. 생명과 물산이 좌우로 버티고 선 그룹의 본관은 두 건물보다 안쪽에 위치해 있다. 이는 좌청룡 우백호가 버티고 있는 형상(形相)이다.

여기에 건물 뒤편이 지대가 높은 현무 형상을 띠고 있다. 이런 경우 사옥(社屋)으로는 길지로 꼽힌다. 본관 좌향은 신좌(申坐)로 남동간이 되어 해가 뜨는 동쪽에서 새벽부터 왕성한 기를 받게 된다. 새로운 사업을 추진할 때 버팀목이 되며 직원들 사이의 결속력 또한 높아지는 효과가 있다고 한다.

정문 또한 기를 순환시키는 구조이다.

정문은 넓고 후문은 좁아야 들어온 복이 쉬 나가지 않는데 건물 뒤편이 높기 때문에 정문과 후문이 바로 마주보지 않고 후문이 좁아 운이 쉽게 쇠하지 않도록 하였다. 이렇듯 S그룹 본관은 문의 크기나 위치, 건물이 향한 방향 모두가 부와 명예의 기운을 받는 곳과 관련되어 있다[47].

그리고 L 그룹도 건물을 지을 때 풍수적 관점을 고려하는 대표적인 기업이다. 여의도의 상징물 중 하나인 L트윈타워는 L그룹을 일으켜 세운 구씨와 허씨를 형상화한 건물로 알려져 있다.

창업주인 구00 회장의 아호인 연암(蓮庵)을 살펴보면, 여의도에 L그룹의 신사옥이 건립될 것이 이름으로 예지되었음을 알 수 있다.

호가 연못이 핀 초막이니 연화부수형에 사옥을 짓는다는 뜻으로 해석된다.

L그룹이 1987년 트윈타워를 건립하고, 여의도 시대를 개막한 것은 그만큼 여의도란 땅의 성격과 L그룹의 기업문화가 잘 맞아떨어진 결과라 할 수 있다.

또 금융권에서도 지속가능한 성장을 위해 풍수지리를 활용한 사례를 찾아볼 수 있다.

은행권에서 자리가 가장 좋은 곳으로 평가되는 S은행 본점은 소공동을 비롯해 팔을 안쪽으로 안아주는 형국으로 인왕산과 남산으로 이어지는 능선은 기(氣)가 상당히 강한 곳이라는게 풍수전문가들의 견해이다. 이 능선에서 빠져나오는 잔가지 같은 줄기는 기운이 좋은 곳인데 S은행의 본점이 입지한 것이다.

47) 매일경제,2009.9.2.

무엇보다 S은행 본점이 조선후기 화폐를 발행했던 전환국 자리였다는 점도 관심을 끈다. 돈을 다루는 금융권에서 S은행 실적이 좋은 것도 풍수적으로 그만한 이유가 있는 것이다.

2004년 S은행이 조흥은행을 인수한 뒤 광교 본점을 재건축하고, 본점 이전을 검토하였지만 현재 자리로 남아있기로 한 것은 풍수 명당을 포기할 수 없었기 때문이라는 시각이 많다.

K은행 명동 사옥 역시 인왕산과 남산 능선이 이어지는 곳으로 금융권의 대표적인 명당으로 꼽힌다. 또 남산기슭의 W금융그룹 자리는 터파기 공사 때 '황금색 흙'이 나와 세간의 관심과 명당지로 평가되었다.

증권회사 본사는 대부분 서울 여의도에 있다. 그러나 S증권은 여의도에 오지 않는다는게 증권가의 정설로 통한다. 여의도는 강바람이 심해 웬만큼 기가 세지 않으면 버티기 힘들다고 한다. 실례로 고려증권이 IMF 외환위기를 견디지 못했고, 삼보컴퓨터 역시 이를 이기지 못하고 쇠락의 길로 접어들었다.

4 도 로

양택풍수의 현대적 의미에서 도로는 강과 마찬가지로 기를 운반하는 역할을 한다. 자연적 조건에 맞는 굴곡이 심하지 않게 완만히 흐르는 도로는 생기의 흐름에 적합하지만, 현재의 곧게 뻗은 직선대로나 고속도로 등은 기의 흐름을 빠르게 할 뿐만 아니라 위험성을 가진 사기(邪氣)[48]까지 동반한다.

1. 수구 : 하천의 출구

"집터를 잡으려면 반드시 수구(水口)가 꼭 닫힌 듯하고 그 안에 들이 펼쳐진 곳이 좋다." "들판에서는 거슬러 흘러드는 물이 있어야 한다." "높은 산이나 그늘진 언덕이나, 역수(逆水)가 판국(版局)을 가로막은 곳으로 여러 겹일수록 더욱 좋다." "엉성하고 널따랗기만 한 곳은 재물이 흩어져 없어지기 때문에 좋지 않다."

이와 같은 내용을 현대의 자연지리학적인 측면에서 본다면, 취락이 곡류 하천의 안쪽에 있을 경우, 활주사면에 해당되어 유속이 느리고 퇴적이 활발하기 때문에 토양침식이 적어 유리하다고 해석할 수 있다. 이는 풍수의 득수법에서 "내외수류역세(內外水流逆勢)"에 해당되는 조건으로 내수와 외수가 반대로 흐를 경우 취락의 침수 방지와 배수에 유리하다는 의미가 된다.

---

48) 빠르고 위협적인 기를 화살과 같다 하여 사기(邪氣)라 한다. 이러한 사기의 대상은 막다른 길에 위치한 주거지로서 대로상의 사기와 마주하고 있는 주택은 흉하다고 보며, 부득이 이러한 주택에 거주하고 있다면 출입문 위에 거울을 부착하는 것도 하나의 방법이다.

2. 토색(土色) : 흙의 빛깔

"물 복판이나 물가나 토질이 사토로서 굳고 촘촘하면 우물물도 맑고 차다. 이와 같은 곳이면 살 만한 곳이다." "만약 붉은 흙과 검은 자갈이라든지, 또한 누런 진흙이면 이것은 죽은 흙이다. 그 땅에서 나는 우물물에는 반드시 장기가 있는데 이와 같은 곳은 살 만한 곳이 못 된다."

이는 사토가 굳고 촘촘하면 여과기능이 좋아 지하수 수질이 좋다는 의미가 내포되어 있으며, 철분산화물이 많이 함유되어 있는 적색토와 배수가 불량한 환원토양, 풍화를 많이 받아 영양소가 용탈되어 망간이 코팅된 토양은 취락입지(聚落立地) 지역으로서 좋지 않다는 것을 의미하는 것이다.

3. 수리(水理) : 물길

"물은 흘러오고 흘러감이 지리에 합당해야 정기를 모아 기른다." "물은 재물을 관장하므로 큰 물가에 부유한 집과 유명한 마을이 많다." "산중이라도 시냇물과 골물(澗水)이 모이는 곳이라야 좋은 터가 된다."

이는 산간지역에서는 지류와 본류가 합류하는 곳이 길지로 인식된다는 것을 나타낸다. 풍수에서는 혈 앞을 흐르는 외수와 혈장 내의 내수 사이에 요구되는 조건으로 '합수의 원리'를 들고 있는데, 여기서 합수란 혈장을 호위하는 청룡백호사의 계곡에서 발원한 물이 혈장 앞에서 합한다는 것이다. 이러한 경우 합수 시 유속이 감소하여 침식현상을 방지할 수 있는 이점이 있다.

4. 조산조수(朝山朝水)

"산은 반드시 멀리서는 맑고 빼어나 보이고 가까이서는 맑고 깨끗하여, 사람이 한번만 보아도 기쁨을 느끼는 것이면 길한 것이다." "울퉁불퉁하고 밉살스런 모양, 돌로 된 추악한 봉우리, 무너지고 떨어지는 형상의 산은 나쁜 것이다." "작은 시냇물은 역으로 흘러드는 것이 길하다." "물은 곡류하며 길고 멀게 흘러들어야 한다." "큰 냇물이나 큰 강이 역으로 흘러드는 곳은 처음에는 좋으나, 나중에는 좋지 못하므로 경계해야 한다." "일직선으로 활을 쏘는 듯한 곳은 좋지 못하므로 피해야 한다."

이는 다분히 환경 지각적인 평가로 해석할 수 있는데, 심리적(心理的)으로 안정감(安定感)을 주는 경관의 산이 취락입지의 한 요인이 된다는 것을 의미한다. 반면에 환경심리학적(環境心理學的)으로 나쁜 영향을 주면서 집중 호우에 산사태나 홍수의 발생 위험이 있는 산을 배제해야 한다는 의미도 포함된다. 또한 물의 경우 자연스러운 자유곡류 하천을 선호(選好)하지만, 심한 곡류에 의한 유로변경의 결과 형성된 우각호는 습한 기운이 생겨 살기에 부적절하며, 유속이 빠른 곳은 침식작용이 활발하여 비옥한 토양이 형성되기가 어렵기 때문에 취락입지 지역으로서는 부적당하다는 것을 지시한다.

결과적으로 《택리지(擇里志》의 '지리' 부분에서 제시하고 있는 여섯 가지 조건은 각종 경관이 조화롭게 융합된 자연환경 속에서 취락선정을 위해 지각된 경관임을 알 수 있다. 따라서 지각된 자연경관(自然景觀)은 안정된 형태와 공간을 추구하려는 대상이 된다.

[그림 14] 물의 형세

출처 : 정경연, 《정통 풍수지리》(서울 : 평단문화사, 2003), pp. 545~546

한겨울
못 잊을 사람하고
뜻밖의 폭설(暴雪)을 맞고 싶은 날입니다.

자동차는 뒤뚱거리고
나는 내내
못 이긴 척
기꺼이 묶여 있기를 바랍니다.

눈부신 고립
사방이 온통 백색인 나라에서
사랑하는 사람과 함께
운명적으로 묶일 수 있는
시간을
기다려본다.

부 록

명소추천 23

1. 청남대 ; 충북 청원군 문의면 소재

1980년 대청댐 준공식에 참석한 전두환 대통령이 주변환경의 빼어남에 감탄하여, 1983년 6월에 착공, 동년 12월에 준공하였다.

대통령의 여름휴가, 명절휴가를 비롯하여 매년 4~5회, 많게는 7~8회 정도 이용한다고 한다.

지난 20여 년 동안 총 88회 400여 일을 이곳에서 역대 대통령이 휴가를 보냈다고 한다.

충북 청원군 대청댐 부근 약 56만 평의 면적에 지어진 대통령 전용 별장으로 '따뜻한 남쪽의 청와대'라는 의미이다.

이승만 대통령 시절부터 경남 김해를 비롯한 4군데의 대통령 별장이 있었으나, 김영삼 대통령 시절 모두 폐쇄하고 청남대 한곳만 남겨 두었다.

이곳 청남대는 그동안 20여 년 동안 베일 속에 잠기었었으나 참여정부 노무현 대통령에 의해 2003년 4월 충북으로 이양, 일반에게 개방되기 시작하였다.

청남대는 옥새봉, 월출봉(장군봉), 작두산(양성산), 소이산으로 둘러싸여 있는데 이 네개의 산이 천연적으로 만든 울타리가 어느 지역에서도 보이지 않도록 외부(外部)의 눈을 가리고 있다. 그중 옥새봉은 '임금님의 직인'이라는 뜻을 가지고 있어 거물급 정치인이라도 대통령의 '옥새' 없이 출입할 수 없는 현실과 맞물려 흥미를 더해준다고 한다.

참고로 천년전 신라의 고승이었던 원효대사가 이곳 현암사에서 주변의 지형을 살펴보고 천년 후 절 앞에 세 개의 호수가 생길 것이며, 임금 왕(王)자 지형이 만들어지면서, 이곳은 임금이 머무는 나라의 중심이 될 것이라고 예언하였다. 천년이 지난 오늘날 대청호가 축조되면서 청남대 주변을 항공 촬영한 사진을 보면 지금 청남대 자리가 임금 왕(王)자 모형이 된 것을 알 수 있다. 아울러 공주·연기를 중심으로 한 행정중심복합도시가 함께 들어서게 된 것이다.

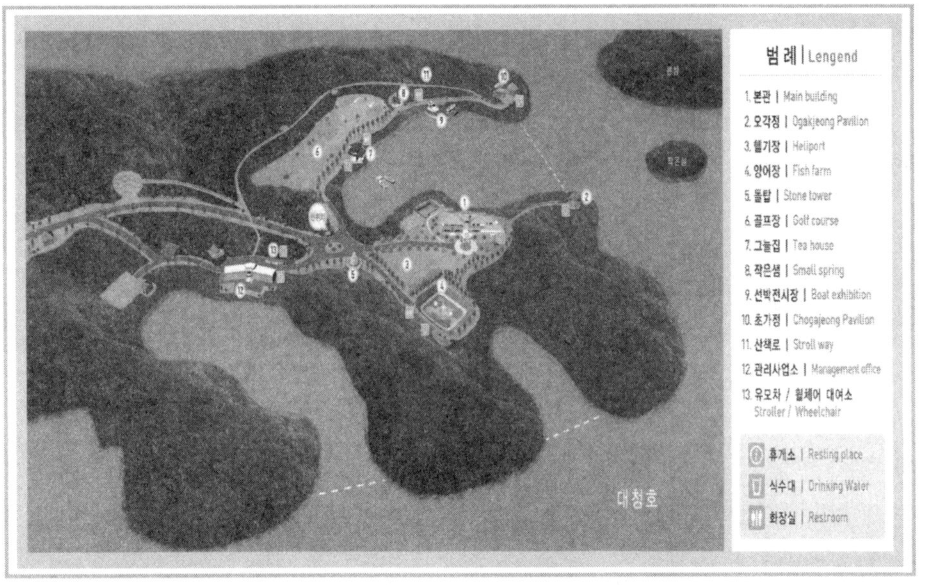

[그림 15] 청남대

청남대는 진입하는 입구의 도로 옆의 가로수가 일품이다. 좌측의 옥새봉을 지나면서부터 펼쳐지는 이 길은 마치 대통령을 호위하듯 양옆으로 늘어선 가로수, 특히 옛적에 경찰초소가 있었던 13문(현재 제1문)에서 22문(현재 제2문) 사이에 조성된 2.3km 백합나무 가로수 길이 드라이브코스로 추천할 만한 곳이다. 봄에는 녹황색의 백합꽃이, 여름에는 푸르른 녹음이, 가을에는 단풍이, 겨울에는 넓은 꽃받침에 눈송이를 떠받치고 있는 모습이 이 길의 아름다움을 자랑하고 있다. 참고로 이 길은 건설교통부가 2004년에 선정한 '한국의 아름다운 길 100선'에 이름이 올라 있다.

참고 : 임금 왕(王)자의 지형과 아홉 마리 용의 전설 출처 : 청남대 관리사무소 유인물

청남대가 있는 곳은 천하명당으로 꼽힌다. 능선 모양이 임금 왕(王)자를 이루고, 좌청룡 우백호의 지세(地勢)를 취하고 있다. 가까운 곳에 임금의 도장인 옥새를 닮은 옥새봉이 있고, 아홉 마리의 용이 승천한 작은 용굴이 있다.

2. 설 악 산

설악산(雪岳山)은 악(岳)이 들어간 이름에서 알 수 있듯이 우리나라의 대표적인 골산(骨山)이다.

금강산에 버금가는 명산과 명승으로 자연경관이 빼어나고, 문화재와 관광명소가 많아, 산 일대가 1970년 국립공원으로 지정되었다.

《신증동국여지승람》에는 "한가위에 덮이기 시작하는 눈이 하지(夏至)에 이르러 녹는다"하여 설악이라 한다고 하였고, 《증보 문헌비고(增補文獻備考)》에는 "산마루에 오래도록 눈이 덮이고, 암석이 눈같이 희다고 하여 설악이라 이름 짓게 되었다"고 적고 있다.

설악은 한계령을 중심으로 한 서북지역을 내설악, 동쪽지역을 외설악으로 크게 나눈다. 대청봉의 동북쪽에 있는 호채봉과, 서쪽에 있는 귀떼기청봉, 대승령 그리고 안산을 경계로 그 남쪽을 남설악이라 한다.

내설악은 깊은 계곡이 많고, 물이 풍부해 설악에서도 가장 빼어난 경승지를 이루며, 백담사를 기준으로 백운동 계곡, 수렴동 계곡, 가야동 계곡이 계속된다. 가야동 계곡에서 출발해 외설악의 설악동에서 넘어오는 마등령을 지나 좀 더 올라가면 우리나라 암자 중 가장 높은 곳에 위치해 있으며 5대 적멸보궁의 한 곳인 봉정암에 이른다.

외설악은 천불동계곡을 끼고 기암절벽이 웅장하다. 설악동에서 신흥사를 거쳐 계조암에 이르면 그 앞에 흔들바위가 있고, 여기서 조금 더 오르면 사방이 절벽으로 된 높이 950m의 울산바위가 있다. 울산바위 신흥사 일주문을 지나 왼쪽으로 가면 대청봉으로 이어지는 천불동 계곡이 나타난다. 이 계곡에는 와선대와 비선대, 금강굴이 있고, 비선대부터는 본격적으로 입산이 시작되며, 이 계곡을 따라 계속 입산하면 대청봉에 이른다.

남설악은 한계령과 점봉산으로 이어지고, 우리나라 3대 폭포의 하나인 88m 높이의 대승폭포, 장수대, 주전골 입구의 오색약수와 오색온천 등이 자리 잡고 있다. 특히 대승폭포는 신라의 마지막 임금인 경순왕이 피서지로 삼았다고 한다.

매월당 김시습이 설악산 백담사에 들어와 오래 살았고, 만해 한용운이 동학농민혁명이 실패로 돌아가자 몸을 숨긴 곳이 설악산의 오세암이었다. 한용운은 1886년 오세암으로 들어와 백담사를 오가며 십여 년을 살다가 백담사에서 머리를 깎았는데 그때가 1905년이었다. 그 후 근대사에서 전두환 대통령이 백담사에 은거한 적이 있다.

내설악 백담사에서 마등령 사이에 있는 오세암은 다섯 살에 득도한 신동 때문에 붙여진 이름이다.

옛날 이 암자에서 설정대사가 부모 잃은 조카를 기르고 있었는데, 대사는 관음상을 가리켜 어머니라 일러주었다. 조카가 다섯 살 되던 해 월동준비가 늦어 늦가을에야 양식마련에 나서게 되었다. 대사는 조카가 하루 동안 먹을 것을 마련해 놓고, 그 다음날 돌아올 작정으로 하산을 하였다. 그런데 그날 밤 큰 눈이 내려 계곡이 묻혀버리고 말았다. 대사는 속수무책으로 눈 녹기를 기다려 봄이 다 되어야 암자로 돌아왔다. 그런데 죽었으리라 생각했던 어린 조카가 나와 반가이 맞아주면서 말하기를 “어머니가 밥을 해주고 공부를 가르쳐 주었습니다”라고 하는 게 아닌가?

그때 흰옷을 입은 선녀가 나타나 아이의 머리를 쓰다듬으며 경전을 주고는 새가 되어 날아갔다. 그래서 아이는 득도(得道)를 했고, 이 임자를 오세암이라고 부르게 되었다고 한다.

3. 미천골 선림원지

응봉산과 만월봉 아랫자락에 위치한 선림원지가 자리한 미천골은 선림원에서 수도하는 스님들이 너무도 많아 쌀 씻은 쌀뜨물이 계곡을 덮은 채 흘러내렸다 하여 쌀 미(米)자, 내천(川)자를 썼다고 한다.

이곳은 설악산 자락 양양군 강현면 둔전리에 위친한 폐사지 진천사지가 있고, 양양군 서면에 자리 잡은 미천골에 역시 폐사지 선림원지 터가 있는 것이다.

진천사지는 선문구산의 효시가 되었던 도의선사가 창선하였다고 한다.

그러나 조선 초기에 폐사된 것으로 추정되는 이 절은 국보 제122호로 지정되어 있는 진천사지 3층 석탑과 보물 제439호로 지정되어 있는 잔천사지 부도가 있으며, 절터는 강원도 기념물 제52호로 지정되어 있다.

길은 비좁기는 해도 설악을 바라보고 들어가는 골짜기 길은 가을이면 감나무에 매달린 붉디붉은 감들로 설렘이 가득한 곳이다.

몇 년 전까지 비포장도로였던 길이 포장이 되고, 길 아래로는 사시사철 맑은 계곡물이 쉴 새 없이 흐르는 계곡을 2.5km쯤 들어가면 산비탈에 축대가 쌓여 있는데, 그 뒤에 선림원지가 있다.

정확한 것은 아니지만 선림원지는 804년(애장왕 5년)에 순응법사가 세운 것으로 전해진다.

선림원지는 순응법사가 창건할 당시 화엄종의 사찰이었다고 한다. 그런데 1985년 동국대 발굴조사단에서 발표한 보고서에 따르면 선림원지는 그 당시 화엄종 승려들이 대거 선종으로 이적한 사실을 보여주는 최초의 사찰이었음을 알려주고 있다.

이 절은 10세기 전반기에 태풍과 대홍수로 산이 무너져 내리며 금당, 조사당 등 중요건물이 사라져 버린 뒤 복원되지 않았던 것으로 보인다.

선림원지에는 보물로 지정된 선림원지 3층 석탑(보물 제444호), 부도(보물 제447호), 홍각선사 탑비(보물 제446호), 석등(보물 제445호) 등이 있다. 선림원지 3층 석탑은 다른 유물들과 마찬가지로 무너져 있던 것을 1965년에 복원한 것이다.

참고 : 부도

도의선사가 선종을 열기 전 의상, 원효, 자장 등 신라의 큰 스님들은 어느 누구도 부도를 남기지 않았다.

화엄의 세계에서 어느 누구도 큰 스님의 죽음은 그저 죽음에 지나지 않았다. 그러나 '본연의 마음이 곧 부처'인 선종에서 큰 스님의 죽음은 붓다(부처)의 죽음과 다르지 않았던 것이다. 그런 연유로 다비한 사리를 모시게 되었고, 우리나라에 부도가 만들어지기 시작하였다.

4. 오 대 산

《택리지》에 의하면 "설악의 남쪽에 있는 오대산은 흙산으로 바위와 골짜기들이 겹겹으로 막혀 있다. 가장 위에는 다섯 대(臺)가 있어 경치가 훌륭하고, 암자가 하나씩 있다. 그중 한 곳인 중대(中臺)에는 부처 사리가 안치되어 있다. 상당부원군 한무외가 이곳에서 선도를 깨닫고 신선으로 화했는데, 연단할 복지를 꼽으면서 '이 산이 제일이다'라고 했다."

예로부터 오대산은 전란(戰亂)이 침입하지 않았으므로 국가에서는 산 아래 월정사 옆에 사고를 지어 《조선왕조실록》을 갈무리하고, 관리를 두어 지키게 하였다.

오대산 상원사에 있는 기록에 의하면 보천·효명 두 신라 왕자가 중대 비로봉에서 1만 문수보살을 친견하였다고 하며, 왕위에 오른 효명태자(성덕왕)가 재위 4년 만인 705년 지금의 상원사 터에 진여원(眞如院)을 창건함과 동시에 문수보살상을 봉안하였고, 이어 725년 동종(銅鐘)을 주조하였다는 설과 자장이 선덕여왕 14년(645년)에 세웠다는 설도 있다.

또한 조선의 세조가 이곳에서 기도하던 중 문수보살을 만나 불치의 병을 고쳤다는 이야기도 전해져 온다. 세조는 친히 권선문을 작성하고, 진여원을 확장하였으며, 이름을 상원사(上院寺)로 바꾸고, 원찰(願刹)로 정하여 문수동자상을 봉안했다고 한다.

오대산은 예로부터 삼신산(금강산, 지리산, 한라산)과 더불어 나라 안에서 가장 신령스러운 산에 포함되었다.

옛 사람들이 '삼재(三災)가 들지 않는 명당 터'라고 여겼던 곳이고, 어떤 재앙이 닥쳐도 안전한 땅이라고 믿었던 곳이라서 불교성지로 발전하게 된 것은 자연스런 일이다.

연꽃을 닮았다는 오대산의 다섯 봉우리에 얽힌 사연은 불교신화에서 비롯된 이야기이며, 《삼국유사》 권3 '대산오만진신(臺山五萬眞身)'조의 "명주 오대산 보잘도 태자 전기"에는 다음과 같은 글이 실려 있다.

신라의 보천과 효명이라는 두 왕자가 속세를 향한 뜻을 버리고 오대산에 들어왔다. 그들은 중대와 북대 밑에 푸른 연꽃이 핀 것을 보고 그 자리에 풀로 엮은 집을 짓고 불법을 닦고 있었다. 그들이 어느 날 함께 오배로 참배하러 올라가자, 동대 만월산에는 1만의 관음보살이 나타나 있고, 남대의 기린산에는 8대보살을 우두머리로 한 1만 지장보살이 나타나 있으며, 서대 장령산에는 무량수여래불(無量壽如來佛)이 나타나 있었다. 그뿐이 아니었다.

북대 상왕산에는 석가여래를 우두머리로 한 오백대 아라한(五百大 阿羅漢)이, 중대 풍로산에는 비로자나불을 우두머리로 한 1만의 문수보살이 나타나기에 5만의 진신에게 예불을 드렸다고 한다.

그때부터 관음, 미타, 지장, 석가, 문수보살 같은 극락세계의 보살들이 오대산의 다섯 봉우리에 저마다 머무른다고 하는 신앙으로 발전하였고, 월정사에서 9km 위쪽의 지금의 상원사인 진여원이 들어섰다. 특히 진여원에서는 매일 인시(새벽 4시)가 되면 문수보살이 36개의 변형된 부처님 얼굴로 나타났으며, 보천과 효명이 골짜기의 물을 길어다가 차로 달여서 문수보살에게 공양했다고 한다.

오대산 상원사 적멸보궁으로 오르는 길은 잘 닦인 산책로처럼 정갈하다. 특히 가을 단풍이 절정에 이르렀을 때 울긋불긋한 단풍들이 사각거리는 소리를 들으며 발길을 옮기면 무릉도원에 온 것 같다.

푸르게 솟은 전나무와 울창한 산의 속살을 헤집고 아침 안개라도 피어오르면 발길은 더욱 가볍다.

다섯 대(臺)의 암자들 중에서 중대의 사자암은 오대산의 으뜸 봉우리인 비로봉의 산허리에 자리 잡고 있는데 위치뿐만 이니라 불교의 교리와 신앙에서도 중심이 되는 곳이다.

오대산이 문수보살의 산이라면 이곳은 그가 타고 다닌다는 사자를 암자의 이름으로 삼을 만큼 그 역할이 컸던 곳이다. 그곳에서 한참 오르면 나타나는 적멸보궁은 일찍이 자장율사가 당나라에서 가지고 온 석가모니의 정골사리(頂骨舍利), 곧 머리뼈 사리를 모신 곳으로 오대산 신앙을 한데 모으는 구심점이 된다.

적멸보궁은 나라 안에서 석가모니의 사리를 모신 다섯 보궁 중의 한 곳이다. 이곳을 찾는 참배객들은 먼저 그 아래의 오솔길 가에서 솟아나는 용안수의 생김(이곳의 땅 생김새는 용을 닮았으며, 적멸보궁은 용의 머리, 용안수는 용의 눈에 해당한다고 한다)에서 몸과 마음을 깨끗이 씻은 뒤에 오르게 된다.

신앙심이 깊은 불교신자들이 월정사나 상원사보다 적멸보궁을 먼저 찾는 이유가 여기에 있다.

적멸보궁에서 내려오면 상원사 청량선원에 이른다. 단종애사(端宗哀史)에서 악역을 맡았던 세조에 얽힌 일화가 있는 곳이다.

조카인 단종을 몰아내고 임금 자리에 오른 세조는 바로 뒤에 괴질에 걸리게 된다. 병을 고치기 위해 이곳을 찾아온 세조가 월정사를 참배하고 상원사로 올라가던 길이었다. 물이 맑은 계곡에서 세조는 몸에 난 종기를 보이지 않으려고 사람들을 멀리 물리치고 혼자서 몸을 씻고 있는데, 동자승 한 아이가 가까운 숲속에서 놀고 있었다. 세조는 그 아이를 불러서 등을 씻어달라고 부탁한 뒤에 "어디 가서 임금의 몸을 씻어 주었다는 말을 하지 말아라"고 말했다.

그러자 그 아이 또한 "임금께서도 어디 가서 문수보살을 직접 보았다는 말을 하지 마십시오"라고 대답하고는 사라져 버렸다.

그 이후로 그토록 오랫동안 괴롭혔던 종기가 씻은 듯이 나아 있었다. 세조는 이에 답하려고 화공을 불러 동자로 나타난 문수보살의 모습을 그리도록 하고, 그 그림을 표본으로 나무에 새겨 만들었다는 문수동자상(국보 제221호)을 상원사 법당인 청량선원에 모셨다. 상원사를 찾는 참배객들은 이 불상에 정성을 드리고 또 드린다.

다음해에 상원사를 다시 찾은 세조는 또 다시 이적을 경험했다고 한다.

상원사 불전으로 올라가 예불을 드리려는 세조의 옷소매를 고양이가 나타나 물고 못 들어가게 했다. 이상하게 생각한 세조가 밖으로 나와 법당 안을 샅샅이 뒤지게 하자, 탁자 밑에 그의 목숨을 노리는 자객이 숨어 있었다. 고양이 덕분에 목숨을 건진 세조는 상원사에 '고양이 밭'이라는 뜻으로 묘전(猫田)을 내렸다.

세조는 서울 가까이에도 여러 군데에 묘전을 마련하여 고양이를 키웠는데, 서울 강남구 봉은사에 묘전 50경을 내려 고양이를 키우는 비용에 사용토록 하였다고 한다.

상원사의 지금 건물은 1947년에 금강산에 자리 잡고 있는 마하연의 건물을 본떠 지은 것이지만, 이름 높은 범종이나 석등은 이때에 마련된 것들이다.

5. 점 봉 산

강원도 인제군 인제읍 귀둔리와 기린면 진동리 그리고 양양군 서면 사이에 위치한 산이다.

점봉산은 2007년 현재 남한의 마지막 남은 처녀림이라고 보아도 손색이 없는 산이다. 특히 남설악이라고 불리는 점봉산, 가칠봉 그리고 단목령에 둘러싸인 진동계곡 일대는 몇 백 년 동안 사람의 때가 묻지 않은 원시림으로 전나무와 신갈나무 등 고사목들이 울창하게 숲을 덮고 있다.

참고 : 송나라 풍수지리가인 호순신(胡舜臣)이 본 산(山)의 의미

송나라 풍수지리가인 호순신은 "산은 움직임이 없이 굳건한 자태를 드리우고 있는 것이라 음(陰)에 속하고, 물은 움직여 흐름을 주도하는 것이라 양(陽)에 속하는데, 음은 체상(體常)을 도(道)로 삼고, 양은 변화를 주로 삼는다.

그런 까닭에 길흉과 화복은 물에 의하여 너욱 강한 영향을 받는다.

산은 사람에 비유하면 형체와 같은 것이고, 물은 사람에 비유하자면 혈맥과 같은 것이다.

사람의 형체의 생장과 번영, 쇠퇴는 겉모양인 형체보다는 혈맥에 달려있다. 혈맥의 도수(導水)가 순조로우면 그 사람은 건강할 것이며, 그 절도(節度)를 잃어버리면 병들어 망함이 자연의 이치이다"라고 하였다.

한편 산은 관산(觀山 ; 멀리 바라다보는 산), 유산(遊山 ; 들어가 노는 산), 낙산(樂山 ; 즐기는 산)으로 보고 있다.

금강초롱꽃, 모데미풀, 진부애기나리 등 36종의 한국 특산종과 울릉도에서만 자생하는 것으로 알려졌던 섬말나리는 물론 주목, 등대시호, 한계령풀, 점봉산 엉겅퀴 등 희귀식물이 자라는 점봉산은 세상에 살면서 지친 사람들이 노년을 보내고 싶어하는 산 중의 한 곳이다.

6. 청간정과 갈천약수터

강원도 고성군 토성면 청간리 청간정은 저 멀리 출렁이는 동해가 펼쳐진다. 이곳 청간정은 서 있는 둔덕의 양기와 바다의 음기가 만나는 음양조화의 극치를 이루는 장소이다.

갈천약수터는 강원도 양양군 서면에 입지하고 있다.

성분이 오색약수와 비슷하고 오래전부터 강원도 평창군 진부면에 있는 방아다리 약수와 함께 명성이 높다. 농도가 짙고, 특히 위장병에 좋다고 한다.

56번 국도에서 약 2km 떨어져 있어 약 30분 정도 걸어 들어가야 한다.

가을철 구룡령 단풍이 좋아서 걸어갈 만한 곳이다.

참고로 기록을 하면 양양읍 → 논화리 삼거리에서 좌회전 → 56번국도 → 마천골 → 현서초등학교 갈천분교 → 갈천약수터 방면이 무난하다.

7. 곤지암

경기도 광주시 곤지암읍에 있는 화강암 바위로 큰 바위와 작은바위로 나뉘어져 있는 2개의 바위이다. 1985년 경기도 문화재 자료로 지정되었다.

곤지바위는 옛날에는 고양이 모양으로 생겼다고 하여 묘(猫)바위라 불러왔다. 바위 위쪽으로는 약 400여년 된 향나무가 있어 신비함을 더해준다.

이 바위에는 조선 선조 시절 신립(1546~1592)장군에 얽힌 전설이 있다. 임진왜란이 일어나자 신립은 병사를 이끌고 충주 탄금대에서 싸우다 참패를 당하자 강물에 투신하여 순국하였다.

병사들이 장군의 시체를 이곳 경기도 곤지암에 옮겨 장사를 지냈는데, 그 후로 이상한 일이 발생하였다. 묘에서 얼마 떨어지지 않은 곳에 고양이처럼 생긴 바위가 하나 있었는데, 누구든 이 바위 앞을 말을 타고 지나려 하면 말발굽이 땅에 붙어 움직이지 않으므로 내려야 하는 불편을 겪곤 했다.

한날 한 선비가 말에서 내려 바위를 향해 '장군의 원통함이 아무리 크다 하여도 무고한 행인들을 불편하게 함은 온당치 못하다'고 호통을 치었다. 그러자 뇌성병력과 함께 벼락이 쳐 바위 윗부분이 땅에 떨어졌다. 그 후로 말을 타고 다니는 행인의 통행이 자유롭게 되었다 하여 이 바위를 곤지바위라고 부르게 되었다고 한다.

큰 바위는 높이 3.6m, 너비 5.9m이고, 작은바위는 높이 2m, 너비 4m이다. 바위 위쪽에는 경기도 광주시 보호수로 지정된 수령 약400여년 된 향나무가 있다. 한편 이 바위 주변에는 연못이 있어 소하천과 연결되었으나 현재는 복개되어 연못은 없어져 아쉬움이 있다. 복원을 통해 관광자원과 지역개발의 새로운 접근방법이 필요한 시점이다.

8. 용문사와 산정호수

경기도 양평군 소재 용문사은 두 줄기가 양 다리를 길게 뻗은 사이에 자리 잡았으니, 쌍용이 굽이치며 여의주를 얻어 승천의 뜻을 이룬 명당이라 할 수 있다.

경기도 포천시 영북면 명성산은 단순 소박하면서도 강인한 힘을 갖추었고 물은 적은듯 하지만 깊이가 있다. 이런 연유로 산정호수가 보완하는 의미가 있다.

김일성이 이곳에 별장을 지은 뜻을 넉넉히 짐작할 수 있다.

9. 충남 보령시 청라면 장산리 화암서원

노송에 둘러싸인 아늑한 터전에 선비들이 모였으니 그 배움의 깊이를 알 수 없다.

사람들이여, 진정한 공부를 하고 싶다면 이런 명당 찾아야 할 일이다.

10. 오성암

전남 구례군 소재 오성암은 물은 돌아들고, 산은 품어 안고, 연꽃이 들판이 펼쳐졌으니 배산임수 명당이 바로 이곳이 아니겠는가. 우리 풍수의 시조인 도선국사가 풍수를 처음 배운 유서 깊은 곳으로 섬진강을 바라보는 계절의 정취가 예사롭지 않다.

11. 미륵사 터

충북 월악산 국립공워 안에 있는 미륵사지 터는 옛 선비 과거보러 갈 때 추풍령은 추풍낙엽, 죽령은 죽 미끄러질까봐 두려워 문경새재를 넘었다지. 그 길목 미륵불이 지켜 주시니 장원급제 명당이구나.

12. 울진군 평해 남대천과 토함산

경북 울진군 평해 남대천은 뒷산은 개구리 좇는 어미 뱀 모양, 개울가 갈대밭은 어미 뱀 따르는 새끼 뱀 같네. 일컬어 장사추와(長蛇追蛙) 형국이로구나.

경북 경주 토암산은 천년 고도에 석양 깃드니 나그네 마음 추연하다. 부드러운 곡선의 산하(山河)여... 부디 평안의 휴식 취하시라.

13. 우리나라 최고의 명당자리 중 하나 고산 유적지 '녹우당'

전남 해남읍 연동리에는 덕음산을 뒤로 우리나라 최고의 명당자리 중 하나라고 하는 고산 윤선도 선생의 유적지인 '녹우당'이 있다. 우리나라에서도 대표적인 종가이자 전통고가로 잘 알려져 있는 곳이다. 녹우당 안으로 들어서면 먼저 5백년 된 은행나무가 이 집의 오랜 역사와 전통을 말해 주듯 찾는 이를 압도한다.

현재 녹우당의 영역 속에 있는 주 건물로는 안채, 사랑채, 헛간, 그리고 안사당, 어초은 사당, 고산사당 등이 있다. 연자방아가 놓여 있는 유물전시관을 들어서면 국보 제240호인 공재윤도서의 자화상을 비롯 보물로 지정된 어부사시사, 오우가 등이 담긴 고산의 수적관계문서와 노비문권 등 고산의 윤씨 후손들이 남긴 유물 2,500점이 보관되고 있다.

14. 선 교 장

강원도 강릉시에 있는 선교장은 한국 전통민가 건물일 뿐만 아니라 대표적인 명당으로서 큰 의미를 갖는다. 흔히 '10년 가는 권력 없고, 3대 가는 부자가 없다'라고 하는데 선교장은 무려 9대에 걸친 만석꾼 집안에 강릉시장, 고려대, 건국대 등 학계교수와 출판사 열화당 대표 등 훌륭한 인물들이 많이 배출되었다.

선교장의 지세는 대부분 명당이 그렇듯 야트막한 산이 감싸고 있는데, 대관령에서 뻗어 내린 생룡(生龍)이 시루봉을 지나 경포대 앞까지 내려와 이곳에서 혈을 이루고 있다. 선교장 앞에는 경포대가 매우 가깝게 있지만 청룡과 백호가 가려서 잘 보이지 않고 강릉 앞바다는 더욱더 보이지 않아 재산이 모이는 명당에서는 바다나 강물 같은 큰물이 직접 보이지 않는다는 사실을 확인시켜 준다.

15. 이 화 장

서울 종로구 이화동 이화장은 원래 조선말기 인평대군이 살았던 곳이다. 훗날 이승만이 살았다. 이화장 본 건물은 ㄷ자 형태 한옥이며, 부속 건물은 조각당과 각 유족들이 생활하는 건물 등 모두 세 건물로 이루어져 있다.

이화장은 낙산의 주봉에서 서쪽으로 뻗어 내린 용 위에 자리 잡고 있다.

낙산은 산세가 힘차고 단정하며, 서울의 명당수인 청계천이 역수가 되어 생기를 이룬다. 이곳은 서울 남산이 청룡, 북악산이 백호, 인왕산이 안산으로서 사신사가 고루 갖추어진 지세를 이루고 있다.

터는 명당터이나 구조는 명당을 이루지 못하고 있다. ㄷ자 형태를 이루고 있어 중심력이 부족하다. 집은 중심이 강한 공간이 있어야 생기가 발생하는데 지붕도 생기가 부족한 형태이다. 즉, 이승만은 대통령으로서 역할을 제대로 하지 못하고, 거주하는 동안 재물이 모이지 않아 경제적으로 어려운 생활을 하고, 혈육도 보지 못하고, 말년을 외국에서 어렵게 보낸 데에서 이러한 풍수가 적잖은 역할을 한 것으로 보인다.

16. 이건희 삼성회장 자택

삼성 이건희 전 회장은 2004년 8월 현재의 집으로 이사했다. 이 집은 2132m^2(645평) 면적에 지하 3층, 지상 2층 구조에 연건축면적 3414m^2(1033평) 규모의 저택으로, 자산가치가 상당한 것으로 평가된다.

이곳은 얼핏 보기에도 '아늑하다'는 인상을 줬다. 하지만 담장에 빼곡히 늘어선 폐쇄회로 카메라는 이곳이 예사롭지 않은 곳임을 느끼게 했다. 풍수가 김성수씨는 이 집에 대해 "햇살이 비치는 남쪽을 바라보며 포근하게 들어섰다"고 평했다. 그는 이병철 선대 회장의 신당동 자택을 함께 언급하면서 "그곳에서 강하게 흐르는 기운을 느낄 수 있었다"며 "삼성이란 대기업을 세운 창업자의 자택다웠다"고 말했다.

풍수에서 물(水)은 재물을 뜻한다고 한다. 풍수가들은 그런 점에서 "이전 회장 자택이 있는 이태원·한남동 일대는 한강이 둥글게 감싸고 흐르는 모습을 하고 있기 때문에 재물이 흘러 들어오는 형세를 갖췄다"고 말한다. 박민찬씨는 "남산 자락이 좌우에서 감싸고 있고, 그 복판에 오목하게 집이 자리 잡고 있어 닭이 알을 품고 있는 형세를 취했다"며 "이 일대가 양택지(집터)로선 최고의 자리"라고 말했다.

17. 김준기 동부회장 자택

김 회장 자택은 조용했다. 집안에서 청소를 하는지 졸졸거리는 수돗물 소리만 들려왔다. '으리으리할 것'이란 예상은 기우였다. 파르라니 깎은 정원 잔디와 깔끔한 집 외부는 단정하지만 소박한 인상을 풍겼다. "부자는 검소하다"는 옛말이 떠올랐다.

박민찬씨는 "집의 좌향이 좋다"고 말했다. 그는 "맥이 내려오면서 뭉친 곳, 즉 사람으로 치면 관절 같은 곳이 사람들이 말하는 혈(穴 : 풍수지리에서 정기가 모였다고 보는 자리)"이라며 "그런 곳에 자리를 잡으면 그 기운이 좋은 영향을 미치게 된다"고 말했다. 그는 "양택(주택)은 재물과 관련이 있고, 음택(무덤)은 권세·명예와 관련이 있다"며 "좋은 자리에 집을 지으면 효과가 빠르지만 상대적으로 약하고, 좋은 자리에 묘를 쓰면 효과가 늦지만 상대적으로 강하다고 보는 것이 일반적인 풍수이론"이라고 말했다.

18. 구본무 LG회장 자택

구본무 회장 자택은 남산자락 위쪽, 하얏트호텔과 엇비슷한 높이에 자리 잡고 있다. 대지 1322m^2(400평), 건축면적 661m^2(200평) 규모의 구 회장 자택은 밖에서 건축물 윤곽을 짐작하기 어려운 특이한 구조로 돼 있다.

구 회장 자택을 아는 한 인사는 "2층 구조로 돼 있으며, 내부엔 영빈관과 주차시설 등을 갖췄다"고 말했다.

박민찬씨는 "이 집에는 특이하게 좌청룡도 우백호도 없다"며 "하지만 남산 위에서 뻗어 내려온 산맥이 힘차게 뒤를 밀어주고 있어, 집 주인이 강한 추진력을 발휘할 것"이라고 말했다. 그는 "이 집은 한강물의 기운을 받고 있는 데다 산맥의 끝자락에 있어 재물운도 매우 강하다"고 평했다.

19. 김승연 한화회장 자택

김 회장 자택은 집이라기보다 타운에 가까웠다. 자택 중심으로 그 주위에 한화가 건립한 외교단지가 조성돼 있는 데다, 자택으로 진입하려면 이 단지를 지나가야만 하는 구조이기 때문이다. 자택 내부엔 4~5개동의 건축물이 들어서 있고 그 주위를 수십 그루의 소나무로 이뤄진 솔밭 언덕이 감싸고 있었다. 한 관계자는 "김 회장이 거주하는 자택뿐만 아니라 영빈관, 집무실 등도 함께 들어서 있다"고 말했다.

김성수씨는 "남산자락이 부드럽게 자택 앞쪽을 감싸고 도는 데다 인왕산 자락이 뒤편을 받쳐주는 천혜의 길지(吉地)"라고 말했다. 박민찬씨는 "잘난 사람이건 못난 사람이건, 좋은 자리에 집을 지으면 발복하게 된다고 보는 것이 풍수이론"이라며 "양택(집)의 풍수는 소유자가 아니라 현재 그 집에서 살고 있는 사람들에게 영향을 미친다"고 말했다. 그는 이 집에 대해 "앞·뒤 양쪽에서 갈라져 내려온 산줄기의 중심에 집이 위치하고 있다"며 "대단히 좋은 자리"라고 평했다.

20. 장 충 동

장충동(奬忠洞)은 구한말의 애국지사 즉 을미사변과 임오군란 때에 순직한 충신·열사들을 제사지내는 장충단(奬忠壇)이 있어 생긴 지명이다. 남산에서 흥인지문 북쪽에 낙산으로 이어지는 서울 성곽의 남동능선에 자리해 도성 내에서 드물게 북동향을 한 마을이다.

그렇지만 이 마을은 북한산에서 북악산으로 이어지는 북쪽의 높은 산 능선을 한쪽으로 비껴 바라보는 유일한 곳이라 서울 내에서 시야가 가장 넓고 길다.

남산의 동쪽 기슭에 위치한 장충동은 조선시대에 한양 외곽을 수비하던 어영청에 속한 남소영(南小營)이 있던 곳으로, 앞쪽에는 군대가 주둔한 형세와 같은 둔군안(屯軍案)이 있고, 왼쪽에는 깃발이 나부끼는 형태의 기고사(旗鼓砂)가 북한산에 즐비해 소위 '장군이 앉아 지휘하는 장군대좌형(將軍大坐形)'의 명당이다.

만물을 탄생시켜 길러내는 어머니와 같은 땅은 개성이 무척 강한 생명체로 땅의 성격에 맞춰 땅을 이용할 때만 지기가 발동해 복을 준다. 장충동은 천하를 호령할 위대한 인물이 배출될 땅으로 무장들과 소응이 잘 맞는다.

장군은 휘하에 용맹스러운 병졸들이 포진해야 위엄이 살며 지덕도 발동하는데, 공원을 찾아 즐기는 사람들은 풍수적으로 이 땅의 소응에 관계된 병졸로 해석함직하다.

지기는 그 땅을 사용하는 사람과도 서로 궁합이 맞아야 발복(發福)도 커지는데, 장충동은 군대가 주둔할 정도로 기가 거센 땅이다. 따라서 무인(武人) 기질이 적은 학자나 예술가, 그리고 기업인들이 이곳에 집을 짓고 살면 번성하기 어렵다. 반면 칼과 창 같은 무기를 사용하는 직업이나 사업은 크게 번창할 터다.

21. 대 치 동

서울시 강남구 대치동은 '용이 물을 굽어보는 곳'(비룡망수형: 飛龍望水形)이라고 한다.

우면산 기운과 양재천을 따라 뻗어가는 큰 용이 탄천을 만나 북쪽으로 방향을 바꾸는 곳이라는 것이다.

우면산 줄기였다는 쪽박산이 사라져 배산(背山)은 아니지만, 탄천이 흐르는 임수(臨水)지형이다.

고제희 대동풍수지리학회장은 '대치동은 최첨단 고층빌딩이 들어서고, IT산업이 발달하기 좋은 입지'라고 한다.

변화무쌍한 용처럼 계속 새로움을 추구하며, 앞으로 나아가는 산업과 기업인에게 적당하다는 설명이다.

그는 대치동에 양재천보다 넓고 수량이 많은 탄천이 흘러 인근 도곡동보다는 더 많은 사람이 머물기 좋다고 평했다. 다만, 대치동은 우면산 기운과 어울리는 넓적하고 평평한 지붕 또는 돔 지붕은 풍수지리학상 좋으나, 강남 파이낸스센터 지붕같은 삼각지붕은 나무의 성질이라 우면산(土), 구룡산(金)과 어울리지 않는 사례라고 할 수 있다.

22. 압구정동

서울시 강남구 압구정동 일대는 마치 한강을 껴안은 듯한 입지를 보여 재운과 건강운을 높여주는 지형이라고 한다.

압구정동은 물이 많은 곳이라 재물이 넉넉하고, 꿩이 강건너 응봉산 기운을 피해 납작 엎드린 '복치형(伏雉形)'으로 해석한다.

따라서 안정적이고 편안한 삶을 구할 수 있는 자리이며, 학자에게 맞는 지리적 여건이다. 그리고 압구정은 이미 부를 이룬 지형으로 사람들이 은퇴하여 여유롭게 사는 지형이라고 한다.

23. 광교 신도시

경기도 수원시ㆍ용인시 지역의 광교신도시[49]는 풍수지리적으로 재물복(財物福)이 많은 위치라는데 대부분 동의한다.

---

49) 광역행정 및 첨단산업 입지를 통한 행정복합도시 및 자족형 신도시 건설을 목적으로 경기도 수원시 이의동,원천동,하동 일대와 용인시 상형동,영덕동 일대를 포함한 11,305천㎡ 규모의 신도시이다.

물은 풍수에서 재물을 뜻하는데, 광교 신도시 내에는 신대저수지와 원천저수지에 물이 가득 고여 재물을 쌓아두는 형상이라는 것이다.

풍수에서는 흘러들어오는 물은 길게 보이고, 나가는 물은 짧게 보여야 더욱 복이 있는 입지로 친다.

광교 신도시 저수지에서 남쪽으로 흘러가는 물은 곧 사라지는 형국이라 재물이 새지 않는 풍족한 곳이라는 것이다.

다만, 광교 신도시는 기업가 터는 아니라고 한다. 기운이 스스로 생겨나 뻗어나가는 자리라고는 할 수 없고, 복(福)과 재물(財物)이 모이는 자리이기 때문이다.

그러므로 널리 가르친다는 지명(地名)처럼 교육산업에 적절하다는 평가이다.

▌도움을 준 도서▐

김서경, 家相의 科學, 현암사, 1972.
김원규, 주택코디네이션, 남두도서, 2010.
신정일, 다시 쓰는 택리지, 휴머니스트, 2006.
유화정, 돈버는 생활풍수 인테리어, 예가, 2001.
이규원, 대한민국 명당, 글로세움, 2009.
이성준, 잘되는 집안은 뭐가 다른 걸까, 예문, 2000.
이원준, 토지개발사에 나타난 풍수지리사상의 영향, 대한지적공사, 1994.
장회익, 우주생명과 현대인의 암세포적 기능, 녹색평론사, 1992.
정경연, 정통 풍수지리, 평단문화사, 2003.
최창조, 도시풍수, 2007.
최창조, 좋은 땅이란 어디를 말하는가?, 서해문집, 1990.
최창조, 한국의 자생풍수 I , 민음사, 1997.
최창조, 한국의 풍수사상, 민음사, 1984.
최창조, 한국의 풍수지리, 민음사, 1997.
황종찬, 풍수지리 입문, 좋은 글 ,1999.
鮑黎明, 풍수대사전, 동도원, 2003.
김민정, "부동산 가격과 풍수지리와의 관계에 관한 연구", 건국대학교 대학원 석사학위 논문, 2001.
김승완, 주택입지선정의 풍수지리적 고찰, 자치행정연구 2집,1997.
권태일, 풍수사상이 주거입지선정에 미치는 영향에 관한 연구, 건국대학교대학원, 석사학위논문, 2001.
김태형 · 이성호, "GIS에 GRID와 AHP를 이용한 Geoprocessiong에 관한 연구", 부산대학교 도시문제연구소, 도시연구부 제12호, 2002.
정용호, "주택이론에 따른 양택 계획에 관한 연구", 연세대학교 산업대학원 석사학위논문, 1988.
http://www.poongsoojiri.co.kr/(2009년 10월 22일)
http://sumac.co.kr/ water 동방수맥.(2009년 10월 20일)
http://www.poongsoojiri.co.kr 정통풍수지리.(2009년 10월 22일)
http://www.everfree.com/korean/content/intro/index.html.(2009년 10월 22일)
http://www.cha.go.kr/korea/heritage 문화재청
http :// www.poongsoojiri.co.kr 정통풍수지리.(2009년 10월 22일)

||| 저자약력 |||

■ **김 원 규**

- 충남대 및 건국대 대학원 석·박사(도시개발·행정학)
- 건국대 대학원 조교 및 전문건설협회 근무
- 건국대 행정대학원·극동대 대학원 등 9개 대학 및 연수기관 강사
- 한국경제조사연구원 연구위원 역임
- 서울시 5급 공무원 승진자격시험 출제 및 검증위원 역임
- 경기도 광주시 분양가상한제 자문위원장 역임
- 경기도 성남시의회 자문교수 역임
- 민주평화통일자문위원(제7,8,9,11,12,13기) 역임
- 한중대학교 전임강사 및 조교수 역임
- 동원대학교 조교수 및 부교수 역임
- 동원대학교 교수평의회 의장 역임
- 한국직업능력개발원 e-Learning 심사위원 역임
- 1999년 대통령 표창
- 2001년 교육인적자원부 장관 표창
- 2016년 혁신한국인 및 파워브랜드(월간 한국인)
- (현) 한국건물관리학회 및 한국주거환경학회 부회장(국토교통부)
- (현) 한국건물행정기술관리협회 이사(국토교통부)
- (현) KS인증심사원(산업통상자원부/한국표준협회)
- (현) 국가품질상 공적 및 평가위원(서비스부문)/산업통상자원부
- (현) 향토자원발전협회 회장(농림축산식품부)
- (현) 동원대학교 교수

주 택 풍 수

2016년 8월 25일 1판 1쇄 발행

저 자 김 원 규
발행인 남 승 우

발행처 도서출판 상尙 학學 당堂

서울시 동작구 사당로9가길 6(사당동)
TEL : 02) 595-1692 ~ 4
FAX : 02) 595-1394
E-mail : namdoo6@unitel.co.kr
신고 : 2-155호 (1968. 11. 29)

정가 18,000원

ISBN 978-89-6587-153-8 03540

〈디자인〉 편집 남혜영 / 표지 토틀컴